LEIBNIZ BLÄTTER VERLAG

Die Acht vom großen Fluss (7)

CIP-KURZTITELAUFNAHME DER DEUTSCHEN BIBLIOTHEK
KUHNKE, GABRIELE:
DIE ACHT VOM GROSSEN FLUSS / GABRIELE KUHNKE
BD. 7. DER VERDÄCHTIGE LKW.
ORIGINALAUSGABE ERSCHIENEN: 1985

ILLUSTRATIONEN: KOLLEKTIV DER LEIBNIZ PRIVATSCHULE KALTENKIRCHEN UNTER DER LEITUNG VON SABINE HELGESSON (TITEL), ILLUSTRATIONEN IN DIESEM BAND: JOCELINE KIELMANN
LAYOUT: GEORG VON STERNBERG

ÜBERARBEITETE NEUAUFLAGE 2021
LEIBNIZ BLÄTTER VERLAG, KIEBITZREIHE B. HAMBURG

HERSTELLUNG: BOD – BOOKS ON DEMAND, NORDERSTEDT

ISBN: 978-3-9822832-4-1
E-BOOK: 978-3-9822896-4-9

LEIBNIZ BLÄTTER VERLAG

Gabriele Kuhnke

Die Acht vom großen Fluss

Der verdächtige LKW

Die Acht:

Sabine, 12, schulterlanges, dunkles Haar, als einzige nicht blond; spitze, schmale Nase; dicke Ponyfrisur. Wittert dauernd spannende Fälle. Sehr pfiffig.

Bastian, 12,
hat kurzes blondes Stoppelhaar und sehr abstehende Ohren. Ist der Anführer der Jungen. Intelligent. Manchmal muffelig.

Heike, 12, und Heiko, 11, Geschwister, haben beide ganz kurz geschnittenes blondes Haar. Heiko weiß immer alles, Heike ist sehr tierliebend und weichherzig. Hilfsbereit sind beide. Die Geschwister besitzen zusammen eine kleine Segeljolle, da sie auf einer Insel wohnen.

Susanne (Su), 8, Sabines jüngere Schwester, die immer mit will. Hat dünne, widerspenstige, rotblonde Zöpfe, ist lustig, lacht und weint viel, hat Sommersprossen. Su ist eine Nervensäge, aber lieb.

Goldhamster Husch ist Heikes Liebling. Er sitzt meistens unter ihrem Pullover und ist immer dabei. Sein Fell ist besonders seidig. Ein großer Nüsse-Hamsterer. Kommt auf Heikes Pfiff. Fürchtet Kater Bandit wie den Teufel, da er dessen Absichten kennt.

Florian (Flo), 10, hat ganz dicke blonde Locken (um die ihn die Mädchen beneiden). Flo ist klein und dünn, ein bisschen ängstlich. Liest leidenschaftlich gern.

Kater Bandit wurde irgendwann von Sabine halb ertrunken gefunden und adoptiert. Die Familie liebt ihn. Bandit ist pechschwarz mit weißen Pfoten. Er hat nur ein Auge. Hofft, irgendwann Hamster Husch zu erwischen. Geht meistens mit den Kindern mit. Ist ein ganz besonderer Kater.

Inhalt

Gabriele Cecilia Kuhnke (geb. Ammermann;* 19. Juni 1946 in Olsberg) ist eine deutsche Schriftstellerin; sie hat sich vor allem durch ihre Kinder- und Jugendbücher einen Namen gemacht. Geboren im Sauerland, besuchte sie in Arnsberg das Mädchen-Gymnasium. Seit ihrer Kindheit fühlte sie sich zu Wasser und Schiffen hingezogen, arbeitete nach ihrer Schulzeit auf einem Rhein-Schleppkahn. Die zwölfbändige Reihe ***Die Acht vom großen Fluss*** erschien erstmals zwischen 1985 und 1991im Schneider-Buch-Verlag. Sie lebt in Sommerland zwischen Elmshorn und Glückstadt.

Su, die Nervensäge

Es klingelt an der Haustür.
Ich halte mit Schreiben inne und lausche angespannt. Unten rührt sich nichts. Da fällt mir ein, dass Mama vor einer halben Stunde nach nebenan zu Tante Almut gegangen ist, um ihr im Café beim Bedienen der Gäste zu helfen.

Es klingelt erneut.

„Su, mach mal auf!“, rufe ich.

„Warum ich?“, schallt es aus dem Zimmer meiner kleinen Schwester zurück. „Hast du keine Beine? Mach doch selbst auf, Sabine.“

Su kann manchmal dickfelliger als ein Elefant sein. Ärgerlich werfe ich den Füller auf den Schreibtisch und laufe selbst die Treppe hinunter. Sicher ist es Flo, der mit Su spielen will. Mit einem energischen Ruck reiße ich die Tür auf. Aber ich habe mich getäuscht. Nicht der kleine Flo steht vor mir, sondern ein fremder Mann. Alles an ihm ist rundlich, der Bauch, über dem sich eine blaue Latzhose spannt, das Gesicht, aus dem die Nase wie ein Tennisball herausschaut. Nur die schmalen, listig blinzelnden Augen passen so gar nicht zu seinem übrigen Äußeren.

„Tag“, grüßt Knollennase, wie ich ihn insgeheim getauft habe, und tippt an den Schirm seiner blauen Mütze, „ich komme von der Post und muss das Telefon prüfen.“

„Unser Telefon ist doch gar nicht kaputt“, antworte ich erstaunt. Jedenfalls hat Mama mir nichts davon gesagt. „In der Nähe war die Telefonleitung gestört“, erklärt der Dicke, „ich muss prüfen, ob der Anschluss in Ordnung ist.“ Ich spähe an ihm vorbei zur Straße. Hinter unserer Ligusterhecke parkt ein grauer Lkw.

„Mmh“, brumme ich unschlüssig und trete beiseite, damit er herein kann, „unser Telefon steht dort im Flur auf dem Schränkchen.“

Als ich aufschaue, beugt sich Su gerade neugierig über das Treppengeländer. Ihre dünnen, rotblonden Zöpfe baumeln ihr vor der Nase herum. Su ist acht Jahre alt und hat eine Vorliebe dafür, hinter mir her zu spionieren, damit ihr ja nichts von dem entgeht, was ich treibe. Mit anderen Worten, sie ist manchmal eine richtige Nervensäge.

„Hier gibt's nichts zu sehen“, rufe ich ihr zu, „mach deine Schularbeiten.“

„Bäh!“ Su streckt mir die Zunge heraus und bleibt hartnäckig auf ihrem Beobachtungsposten.

„Sind Sie von der Post?“, fragt sie den Mann überflüssigerweise.

„ Ja.“

„Sind in Diekhusen alle Telefone kaputt?“, bohrt sie weiter.

„Nein. Wir haben in der Nähe eine Störung beseitigt, und ich prüfe jetzt, ob euer Apparat in Ordnung ist.“

„Nun? Ist unser Telefon okay?“

„Mmh“, brummt der Dicke einsilbig. Su geht ihm sichtlich auf die Nerven mit ihrer Fragerei, was ich gut verstehen kann.

Er hebt den Hörer ab, horcht kurz hinein und beginnt zu wählen.

„Wen rufen Sie jetzt an?“, will Su wissen.

„Meinen Kollegen von der Entstörungsstelle. „Hallo, Fritz? Ja, ich bin's. Hier ist alles okay. Das war der letzte Anschluss in Diekhusen. Tschüss.“

Er legt den Hörer auf die Gabel zurück.

„Der letzte stimmt nicht“, berichtigt Su ihn von der Treppe her, „der letzte Anschluss von Diekhusen ist in Haus Nummer 9. Das ist das Café nebenan.“

„Da war mein Kollege schon“, brummt Knollennase sichtlich gereizt. „Tschüs.“

Er steckt die Hände in die Taschen seiner Latzhose. Dabei fällt ihm ein Schraubenzieher heraus, der über die Fliesen bis vor unsere angelehnte Wohnzimmertür rollt. Als sich der Dicke hastig danach bückt, stößt er mit dem Kopf gegen die Tür. Sie springt auf, und eine Weile starrt der Mann neugierig ins Zimmer.

„Haben Sie sich weh getan?“, erkundigt sich Su teilnahmsvoll und hüpft einige Treppenstufen hinunter.

„Wie? Nein.“ Er reibt sich die Stirn. „Hübsche Möbel habt ihr.“

Ich zucke die Schultern. Ob unsere Wohnzimmermöbel hübsch sind oder nicht, darüber habe ich mir noch keine Gedanken gemacht.

„Allerdings habt ihr moderne Möbel. Ich schwärme mehr für antike Sachen“, fährt Knollennase plötzlich ganz geschwätzig fort, „aber alte Möbel sind natürlich sehr selten und deshalb leider auch sehr teuer. Es gibt kaum noch Leute, die wirklich wertvolle Stücke besitzen. Oder kennt ihr zufällig jemand in der Nähe?“

„Antike Möbel?“ Su runzelt die Stirn. „Meinen Sie so alte, verschnörkelte Truhen und Schränke von

früher?“ „Genau.“
Der Dicke sieht sie erwartungsvoll an.

„Meyers von der alten Mühle haben so eine alte Truhe in der Diele stehen“, plappert Su unbekümmert drauflos: „Frau Meyer hat mir mal erzählt, dass die noch von ihren Urgroßeltern ist.“

Die Augen des Mannes blitzen überrascht auf. „Dann ist die Truhe bestimmt sehr wertvoll. Gibt es noch mehr Leute in der Gegend, die so alte Möbel haben?“

Mir kommt es vor, als ob er Su dabei lauernd ansieht. Genauso guckt unser Kater Bandit, wenn er eine Maus erspäht hat und sie fangen will.

„Hm.“ Su überlegt angestrengt. „Die Bauern vielleicht.

Und Hansens natürlich, die haben noch einen uralten Schreibtisch und so eine komische Standuhr und einen Plattenspieler, der ganz schaurig quietscht.“

„Meine Schwester meint ein Trichtergrammophon“, erkläre ich.

„Sag' ich doch“, brummt Su, „Hansens wohnen auf dem Bananensand. Das ist die Insel, die vor Diekhusen, mitten im Fluss liegt. Ohne Boot können Sie da nicht hin.“

Plötzlich hat es Knollennase eilig. Er verabschiedet sich überstürzt, hastet über den Plattenweg zu dem grauen Lkw und fährt davon.

„Was ist nur auf einmal in den gefahren, dass er wie vom Affen gebissen wegrennt?“ Verblüfft blicke ich Su an, die neben mir an der Haustür auftaucht.

„Ein komischer Typ“, wundert sich meine kleine Schwester. „Erst will er wissen, wer hier in der Nähe noch alte Möbel von früher hat, und dann rast er wie der Blitz davon.“

„Eigentlich hättest du dich von einem Fremden nicht so ausfragen lassen sollen.“ Ich mache ein bedenkliches Gesicht.

„Ach“, empört sich Su, „und wieso hast du ihn ins Haus gelassen?“ „Weil er nachsehen wollte, ob unser Telefon okay ist.“

„Da kann ja jeder kommen und sagen, er sei von der Post. Hat er dir seinen Ausweis gezeigt?“

Ich schüttele den Kopf. Daran habe ich gar nicht gedacht. Ob ich will oder nicht, ich muss Su recht geben. Es war wirklich leichtsinnig von mir, einen Fremden hereinzulassen.

„Jetzt bist du geschockt, was, Sabine?“, ruft Su schnippisch. „Passt selbst nicht auf, aber mir willst du Vorwürfe machen. Typisch ältere Schwester.“ Mit hocherhobenem Kopf stolziert sie wie eine Königin die Treppe hinauf.

Ärgerlich will ich die Haustür zuknallen. Da lässt mich ein lautes Maunzen innehalten. Bandit zwängt sich durch die Hecke und eilt schnurstracks auf mich zu. Bandit ist unser Kater. Pechschwarz, bis auf die Pfoten. Die sind schneeweiß, wenn er sie gerade geputzt hat.

Neben meiner Schwester Susanne und mir gehören noch Florian, den wir immer Flo nennen, weil er für seine zehn Jahre etwas klein geraten ist, mein Vetter Bastian, der nebenan in Haus Nummer 9 wohnt, und die Geschwister Heike und Heiko, die auf einer Insel leben, zu uns Acht vom großen Fluss. Und natürlich Heikes Goldhamster Husch und unser Kater Bandit. Bandit hat wie alle Katzen seinen eigenen Kopf. Wenn er keine Lust hat, mit uns zu kommen, kann nicht einmal ich ihn dazu überreden.

„Hallo, Bandit.“ Ich kraule ihn rasch unter dem

Kinn, als er mit hocherhobenem Schwanz an mir vorbei stolziert, geradewegs in die Küche hinein. Hoffnungsvoll späht er in seinen Napf und beschnuppert die wenigen Katzenkekse, die er sich von seinem Mittagsmahl aufbewahrt hat. Er lässt sich vor dem Teller nieder, verspeist die Kekse genüsslich und taucht dann seine kleine rosa Zunge einige Male in den Wassernapf. Zufrieden folgt er mir die Treppe hinauf.

„Bandit, komm zu mir." Su will ihn unbedingt in ihr Zimmer locken.

Aber Bandit entscheidet sich zu Sus Ärger und zu meiner Freude für mich. Mit der Pfote drückt er die nur angelehnte Tür auf, schlängelt sich durch den schmalen Spalt, springt mit einem Satz auf mein Bett und rollt sich behaglich auf der Decke zusammen. Missmutig nehme ich wieder an meinem Schreibtisch Platz, um mich mit unregelmäßigen englischen Verben herumzuplagen.

„Du hast es gut."

Es klingelt erneut an der Haustür. Hoffentlich ist es nicht wieder der Dicke von der Post!

„Diesmal machst du aber auf", rufe ich energisch zu Su hinüber.

„Alte Meckerziege", kräht Su angriffslustig zurück. Aber sie geht doch. Durch den Türspalt sehe ich sie in ihrer rosa Latzhose und ihrem gelben Sweatshirt zur Treppe huschen.

Bandit und ich stellen unsere Ohren auf Empfang und lauschen gespannt, wer diesmal geklingelt hat.

„Komm rein, Flo", dringt Sus muntere Stimme zu uns hinauf, „bist du fertig mit den Schulaufgaben?"

„Klar, du auch?"

„Schon lange. Wir mussten nur ein Gedicht lernen.

Willst du es mal hören?"

„Null Interesse. Ist Sabine auch fertig?"

„Die übt noch für ihre Englisch-Arbeit. Wollen wir solange mit Gerapita spielen?"

Gerapita ist Sus Lieblingspuppe, die sie beinahe überall mit hinschleppt.

„Okay", willigt Flo zögernd ein, „aber nur so lange, bis Sabine fertig ist."

Die beiden poltern die Treppe hinauf. Flo steckt seinen blonden Lockenkopf durch den Türspalt. „Hallo, Sabine, brauchst du noch lange?"

„Wenn ihr mich dauernd stört, werde ich heute überhaupt nicht mehr fertig", brumme ich schlecht gelaunt. Warum müssen wir auch ausgerechnet heute so viel aufhaben! Sehnsüchtig blicke ich aus dem Fenster meines Giebelzimmers. Vor dem Deich fließt die Elbe breit und majestätisch dem Meer zu. Die Sonnenstrahlen glitzern auf den Wellen und auf den Mastspitzen der vielen Segelboote, die im kleinen Hafen liegen. Es ist ablaufendes Wasser, und der breite Sandstreifen der Insel blinkt wie weißgescheuert. Warum können Lehrer nicht begreifen, dass man bei so einem schönen Wetter unmöglich im Zimmer hocken und Aufgaben machen kann? Der Tag ist viel zu schade dafür. Drüben auf dem Bananensand schimmert ein Teil eines großen Reetdaches durch die Bäume. Das Dach gehört zu dem Bauernhof, auf dem Heike und Heiko wohnen.

Plötzlich springe ich erregt auf. Vor dem Dachfenster des Bauernhofes flattert lustig ein weißes Tuch im Wind. Das ist die Geheimsprache zwischen meiner Freundin Heike und mir und bedeutet: Ich bin fertig mit den Schularbeiten.

Kurz entschlossen krame ich einen weißen Kopfkissenbezug aus dem Schrank und schwenke ihn wild vor meinem Fenster hin und her. Als Antwort erscheint drüben auf der Insel ein grünes Tuch. Ich strahle. Das grüne Zeichen bedeutet nämlich, dass Heike und Heiko nach Diekhusen kommen.

Ich schiebe meine Bücher und Hefte beiseite. Die unregelmäßigen Verben können mir gestohlen bleiben. Ich kann sie ja noch heute Abend im Bett lernen oder morgen früh im Schulbus.

Hinter den Bäumen des Bananensandes kommt ein grünes, schnittiges Boot zum Vorschein. Rasch gleitet es in der Fahrrinne stromabwärts. Von meinem Zimmer aus kann ich zwar den Namen nicht lesen, aber ich weiß auch so, dass vorn am Bug in großen, weißen Buchstaben Glückstadt steht. Das ist der Zollkreuzer, auf dem mein Vater Kapitän ist. Papa und seine Männer haben auf ihrem Boot alle Hände voll zu tun. Sie spüren nicht nur Schmuggelware auf den Seeschiffen auf, fahnden nach verdächtigen Personen und verhindern Grenzzwischenfälle, sondern schleppen auch manövrierunfähige Boote frei und retten jedes Jahr viele Leute aus Seenot.

Am Anlegesteg der Insel erscheinen zwei schwarze Punkte. Das sind Heike und Heiko, die sich an ihrer Jolle zu schaffen machen. Ein weißes Segel entfaltet sich kurz darauf am Mast, und das kleine Boot nimmt Kurs auf den Hafen von Diekhusen.

Ich laufe über den schmalen Flur und reiße Sus Zimmertür auf. „Heike und Heiko kommen!“

Su zwängt gerade ihr scheußliches Kuscheltier, bei dem man nicht weiß, ob es ein Teddy oder ein Hase sein soll, in eine viel zu enge Puppenjacke. Flo hockt im Schneidersitz auf dem Teppichboden. Im Arm hält er die Babypuppe Gerapita und gibt ihr die Flasche. Als er meine Botschaft hört, lässt er Gerapita unsanft fallen und springt auf. „Los, zum Hafen."

„Wie gehst du mit meinem Kind um?", empört sich Su. „Du kannst das Baby doch nicht einfach hinwerfen. Sicher hat Gerapita jetzt eine Gehirnerschütterung." Sie straft Flo mit einem vernichtenden Blick, packt ihr Kind und legt es in die Wiege. „Arme Gerapita, der blöde Flo darf dir nie wieder die Flasche geben."

„Entschuldigung." Flo bemüht sich vergeblich, ein zerknirschtes Gesicht zu machen.

„Vergiss dein Abzeichen nicht", mahne ich Su.

Flo deutet stolz auf die gelbe Acht, die Heike auf ein Stück blauen Stoff gestickt hat und die er mit einer Sicherheitsnadel am Pullover befestigt hat. Wir warten ungeduldig, bis Su ebenfalls ihr Abzeichen an ihr Sweatshirt gesteckt hat. Dann springen wir übermütig die Treppe hinunter. Bandit, der durch den Lärm unsanft aus seinem Mittagsschläfchen geweckt wird, folgt uns neugierig. Während Su und Flo aus dem Haus rennen, schreibe ich rasch eine Nachricht für meine Mutter auf den Notizblock, der neben dem Telefon liegt: Sind spielen gegangen. Sabine.

Bandit reißt sein Mäulchen weit zum Gähnen auf, schüttelt sich und trottet neben mir über den Gehweg zum Nachbarhaus.

In Diekhusen gibt es nur neun Häuser, die in einer langen Reihe hinter dem schützenden Deich stehen. Vor den Häusern verläuft die Landstraße, und dahinter breiten sich grüne, saftige Wiesen aus, soweit das Auge sehen kann. Hier und da erkennt man in der Ferne einzelne Baumgruppen, hinter denen sich ein Bauernhof verbirgt.

Auf dem Parkplatz vor Haus Nummer 9 steht ein doppelstöckiger Reisebus. Die Ausflügler an diesem Donnerstagnachmittag sind größtenteils Rentner. Jetzt sitzen sie gemütlich im Café, lassen sich Tante Almuts weltberühmte Erdbeertorte schmecken und betrachten die großen Schiffe, die stromaufwärts nach Hamburg und stromabwärts zur Nordsee fahren.

Plötzlich taucht ein Jungenkopf mit kurzen, blonden Stoppelhaaren und weit abstehenden Ohren hinter dem Bus auf. Das ist mein Vetter Bastian, der mit Heike und mir in die gleiche Klasse, die 7a der Realschule in Glückstadt, geht.

„Hast du die blöden, unregelmäßigen Verben schon gelernt?“, frage ich ihn.

„Klar. Kein Problem für mich. Einmal durchgelesen, und schon ist alles hier eingespeichert.“ Bastian deutet grinsend an seinen Hinterkopf.

Ich seufze neidisch. Bastian kapiert immer alles sofort. Ob das nun Mathe, Deutsch oder Englisch ist, ihm macht kein Fach Schwierigkeiten. Die Lehrer haben ihm sogar vorgeschlagen, aufs Gymnasium überzuwechseln. Bastian ist noch mit sich uneins, was er tun soll. In unserer Klasse ist er der Beste, aber wer weiß, ob das auf dem Gymnasium auch so sein wird.

„Los, nichts wie weg hier, Sabine“, drängt er plötzlich und wirft einen verstohlenen Blick zum Café hinüber. „Wenn meine Mutter merkt, dass ich mit den Schulaufgaben fertig bin, hat sie todsicher Arbeit für mich. Das ganze Café ist voller Leute. Mein Vater arbeitet noch auf der Werft, und Mama ist mit deiner Mutter allein, Sabine.“

Schleunigst laufen wir hinter Flo und Su durch die

Lücke im Deich zum Hafen. Bandit schlendert gemächlich hinterher.

Nichts los in Diekhusen

Als wir über die Mole rennen, läuft die HAI, so heißt die kleine Jolle von Heike und Heiko, gerade in den Hafen ein. Heike lässt das Segel hinab und winkt uns vergnügt zu. Heiko hockt wie immer auf dem Achter-Staukasten, um klammert die Ruderpinne und grinst breit. Da Ebbe ist, schwimmt die HAI tief unter uns im Hafenwasser. Nur ihr Mast ragt über die Hafenmauer hinaus. An der Spitze flattert ein dreieckiger, blau-weiß roter Wimpel. Das sind die Landesfarben von Schleswig Holstein.

Bandit schleicht vorsichtig näher. Sein Hals wird immer länger, als er neugierig über die Mauerkante späht. Goldhamster Husch läuft, nichts Böses ahnend, auf der Ruderbank hin und her. Bandit duckt sich. Sein Körper zieht sich zusammen, als wolle er jeden Augenblick auf sein Opfer losspringen.

„Pass auf, Heike!“, ruft Flo angstvoll zum Boot hinunter.

„Bandit will Husch fangen.“

Heike, die gerade das Segel zusammenlegt, wendet uns ihr rundes Gesicht zu. „Aus der Höhe ins Boot hinunterzuspringen wagt Bandit bestimmt nicht“, beruhigt sie Flo.

Flo traut meinem schwarzen Kater trotzdem nicht über den Weg. Er beobachtet ihn weiterhin misstrauisch.

Als Heike das Segel zusammengelegt hat, steckt sie

Husch unter ihren Kapuzenpulli. Wenige Augenblicke später zwängt er seinen Kopf am Halsausschnitt heraus. Pfiffig blickt er seinen Feind hoch oben auf der Mole an, als wolle er sagen: „Pech gehabt, schwarzer Kater. Du kriegst mich sowieso nie."

Bandit miaut ärgerlich und zieht sich enttäuscht zurück.

„Nimm's nicht tragisch, Bandit", tröstet Su ihn, „du musst endlich mal kapieren, dass Husch genau wie du zu uns Acht vom großen Fluss gehört, und Freunde frisst man nicht."

Bandit wirft Su nur einen unwilligen Blick zu und schleicht zu mir, um sich unter dem Kinn kraulen zu lassen. Behaglich fängt er an zu schnurren.

Heiko schleudert eine Leine wie ein Lasso zu Bastian hinauf.

Bastian fängt sie auf und legt sie um einen Poller.

Jetzt ist die HAI wie ein Hund an die Leine angebunden und muss brav an der Mole auf unsere Rückkehr warten.

Heike klettert die eisernen Sprossen der Hafenmauer hinauf. Als Heiko ebenfalls den Kopf über die Mauerkante steckt, rufe ich erschrocken: „Bastian, auf dem Steg vor dem Café steht deine Mutter und winkt."

„Mist, bloß nicht hingucken", sagt Bastian schnell. „Wir tun so, als ob wir sie nicht gesehen hätten, sonst muss ich im Café helfen. Los, nichts wie weg hier."

Ohne noch einen Blick zurückzuwerfen, jagen wir ein wenig überstürzt hinter dem langen Bastian her. Erst, als die hohen Schilfhalme raschelnd über unseren Köpfen zusammenschlagen und uns vor Tante Almuts Augen verbergen, verschnaufen wir.

„Gerettet", japst Bastian erleichtert und wackelt mit den Ohren, was Su zu einem Heiterkeitsausbruch veranlasst.

Im Gänsemarsch wandern wir den schmalen Pfad entlang. Plötzlich hört das Schilf wie abgeschnitten auf. Vor uns breitet sich ein schmaler Sandstrand aus, an dessen Ende sich runzelige Weiden angesiedelt haben.

Bastian springt am Stamm der dicksten Weide hoch, umklammert einen Ast und schwingt sich mit einem Klimmzug in den Baum hinauf. Kurz darauf wirft er eine Strickleiter aus der Weide. Einer nach dem anderen klettern wir die schaukelnde Leiter hinauf und verschwinden zwischen dem dichten Blattwerk. Nur Bandit verschmäht die schwankende Leiter. Er schlägt seine scharfen Krallen in die Baumrinde und klettert flink wie ein Eichhörnchen am Stamm hinauf.

Unser Ausguck ist super. Als die drei Jungen noch mit uns Mädchen zerstritten waren und sich Holzaugen nannten, haben sie sich diese Plattform im Baum errichtet, um nach Piratenschiffen Ausschau halten zu können. Aber anstatt Seeräuberschiffe zu entdecken, sind sie damals mit uns, den Neunaugen, in ein spannendes Abenteuer verwickelt worden.

Wir nehmen auf den zwei Brettern Platz, die die Jungen über der Plattform angebracht haben. Immer griffbereit liegen auf einem kleinen Regal Heikos Fernglas und ein zugeschraubtes, ehemaliges Gurkenglas, in dem Kugelschreiber und Notizblock aufbewahrt werden, damit sie bei Regen nicht nass werden.

Su zählt unsere Trinkvorräte. „Nur noch drei Limodosen“, meldet sie und reißt den Verschluss ab. „Jeder darf eine halbe Dose leer trinken.“

Flo leiht sich Heikos Fernglas und späht über den großen Fluss.

„Ein Piratenschiff in Sicht“, meldet er aufgeregt. Gespannt lugen wir durch das dichte Blätterdach der Weide. Hinter den Bäumen des Bananensandes tauchen die Masten eines Schiffes auf. Als der Bug zum Vorschein kommt, wenden wir uns enttäuscht ab. Es ist nur ein gewöhnliches Containerschiff, das eilig der Nordsee zustrebt.

„Mit Piratenschiffen wirst du wohl kein Glück mehr haben, Flo“, spottet Bastian, „da lebst du einige hundert Jahre zu spät.“ „Macht nichts“, meint Flo ungerührt, „wir können ja so tun, als ob.“

Flo ist ganz versessen darauf, irgendwann einen Schatz zu finden, der vor vielen Jahren von Piraten am Flussufer vergraben wurde. Bis heute hat er al-

lerdings kein Glück mit seiner Suche gehabt.
„Gibt's irgendwas Neues?“, fragt Bastian hoffnungsvoll. Wir schütteln die Köpfe. Was soll es in Diekhusen schon Neues geben?
„Doch“, meldet sich Su eifrig, „bei uns war vorhin ein Mann von der Post, so ein Dicker mit einer runden Knollennase.“
„Bei uns war er auch“, fällt Flo ein, „er wollte nachsehen, ob das Telefon funktioniert.“
„Hat der sich bei euch etwa auch nach alten Möbeln erkundigt?“
„Woher weißt du das denn?“ staunt Flo. „Er sagte, er interessiere sich sehr für alte Bauernschränke und Truhen, aber wir haben so altes Zeug nicht.“
„Bei uns war niemand“, knurrt Bastian.
„Doch“, behauptet Su, „er hat gesagt, sein Kollege war bei euch.“
„Bei uns war niemand von der Post. Das müsste ich ja schließlich wissen.“
„Sehr verdächtig.“ Su zieht ihre kleine Stupsnase kraus und dreht nachdenklich an ihren Zopfenden.
„Was soll denn daran verdächtig sein, wenn ein Postbeamter nachsieht, ob das Telefon in Ordnung ist?“, ruft Heiko unwirsch.
„Ätsch, unser Telefon war ja gar nicht kaputt.“ Su setzt eine geheimnisvolle Miene auf. „Vielleicht ist der Dicke gar kein Postbeamter.“
„Was denn sonst?“
„Vielleicht ist er ein Dieb“, flüstert Su und sieht sich vorsichtig nach allen Seiten um.

Bastian richtet sich zu seiner vollen Länge auf. „Hat er was gestohlen?“, fragt er interessiert.
„Nein“, muss Su zugeben, „leider nicht.“
„Wieso leider?“, fahre ich sie wütend an. „Wäre es

dir lieber, wenn Knollennase bei uns was geklaut hätte?"

„Ja." Su grinst treuherzig: „Dann wäre mal wieder was los hier. Es ist so lange nichts Spannendes passiert."

„Na, ich danke." Flo nimmt das Fernglas von den Augen und blickt Su vorwurfsvoll an. „Hat dir die Aufregung mit den roten Fässern nicht gereicht?"

Su antwortet nicht, sondern schnipst gelangweilt ein Blatt von ihrem Sweatshirt.

Heiko fischt die letzte Kaugummikugel aus einer nicht mehr ganz sauberen Tüte. „Wollen wir eine Segeltour machen?", schlägt er vor und springt so unbedacht auf, dass er Bandit auf die Schwanzspitze tritt. Fauchend schnellt der Kater in die Höhe.

„Tut mir leid, Bandit", stammelt Heiko erschrocken. Bandit würdigt ihn keines Blickes, sondern wendet beleidigt den Kopf ab und beleckt ausgiebig seine misshandelte Schwanzspitze.

„Leute", ruft Bastian plötzlich und schlägt sich erschrocken mit der flachen Hand vor die Stirn, „ich muss noch Zeitungen austragen. Das habe ich total vergessen."

„Dann beeile dich", brummt Heiko, „wir segeln inzwischen schon mal eine Runde."

Bastian zieht ein langes Gesicht. „Ich denke, wir sind Freunde, und Freunde helfen sich immer gegenseitig."

„Du suchst nur ein paar Dumme, die dir die Arbeit abnehmen", meckert Heiko. „Kriege ich wenigstens dein Zeitungsgeld, wenn ich dir helfe?"

Bastian tippt sich empört an die Stirn: „Wohl verrückt geworden."

„Wenn wir dir alle helfen, könntest du mindestens

ein Eis spendieren, Bastian“, schlägt Heike vor.

„Okay. Vielleicht kann ich ja meine Mutter später dazu überreden. Jetzt kommt.“

Bastian wartet, bis wir alle an der Strickleiter hinuntergerutscht sind, dann zieht er die Leiter zu sich hinauf, hängt das Ende ordentlich an einen Nagel im Weidenstamm und springt zu uns in den Sand. Niemand käme jetzt auf die Idee, dass sich oben auf der Weide ein toller Ausguck befindet.

Lautlos schleichen wir wie die Indianer im Gänsemarsch am Fuße des Deiches zum Café zurück. Wir benutzen jede nur mögliche Deckung, damit wir von Bastians Mutter nicht gesehen werden können.

„Sabine und Heiko, ihr holt die Tretmühlen aus unserer Garage“, kommandiert Bastian, als wir aufatmend hinter unserer dichten Ligusterhecke untertauchen. Heiko und ich schieben unbemerkt die Fahrräder aus der Garage und laden auch gleich den Zeitungspacken auf, der auf den Stufen vor der Haustür liegt.

Bastian nimmt erleichtert sein Rad in Empfang. Er zählt die Zeitungen und teilt sie in zwei ungleiche Hälften. Den größeren Packen legt er in seinen Fahrradkorb.

„Heiko, Flo und ich teilen die Zeitungen in Diekhusen aus. Flo, lauf schon mal vor, und hol dein Fahrrad.“ Bastian drückt Heike die restlichen Zeitungen in den Arm. „Sabine, Su und du, ihr nehmt den Weg zu den Bauernhöfen.“

„Ihr sucht euch natürlich die kürzere Strecke aus“, maule ich.

„Dafür haben wir die meisten Zeitungen.“

„Aber in Diekhusen liegt ein Haus neben dem anderen, während die Bauernhöfe alle mindestens einen Kilometer auseinanderliegen", begehre ich auf.

„Wir müssen ja auch noch zum Campingplatz und zur alten Mühle", fährt Bastian mich an.

„Wir können ja um die Wette fahren", schlägt Heiko vor, „an der alten Mühle treffen wir uns. Mal sehen, wer zuerst da ist."

„Oh ja", begeistert sich Su, „wir sind bestimmt schneller."

„Also abgemacht", ruft Bastian, „an der alten Mühle treffen wir uns und fahren gemeinsam nach Diekhusen zurück."

Die Jungen brausen davon, während Su, Heike und ich zu unserer Garage rennen und die Räder holen. Heike nimmt das Rad von meiner Mutter. Als ich um die Hecke flitze, fahre ich beinahe Bandit um, der erst jetzt vom Ausguck angetrottet kommt. Ich springe vom Rad und beuge mich besorgt zu meinem Kater nieder. „Hast du dir auch nicht wehgetan, Bandit?"

Zum Glück ist Bandit nichts passiert. Wir sind beide mit dem Schrecken davongekommen. Ich hebe ihn hoch und setze ihn auf die Zeitungen im Fahrradkorb.

„Sabine, beeil dich!" Su und Heike sind schon weit vorausgefahren.

Die Bauern haben ihre Briefkästen vorn an der Straße angebracht, sodass wir uns die langen Auffahrten zu den Höfen sparen können. Während ich die Zeitung, von der eine Ecke fehlt, weil Bandit aus Langeweile daran herumgeknabbert hat, in den Kasten werfe, rasen Heike und Su bereits weiter zum nächsten Hof. Unsere Beine fühlen sich vom schnellen Treten wie Blei an, und unsere Kehlen sind wie ausgedorrt, als endlich aus einer dichten

Baumgruppe vor uns die Flügel der alten Windmühle ragen.

„Los, legt euch noch mal ins Zeug, Endspurt", feuere ich uns an.

Aber alles Abstrampeln nutzt nichts. Als wir nassgeschwitzt, mit heraushängender Zunge vor dem Wohnhaus neben der Mühle anhalten, sitzen die drei Jungen bereits wartend auf der Steinstufe vor der Haustür.

„Kommt ihr auch schon?", spottet Bastian. „Ich dachte, die Sonne geht inzwischen unter."

Manchmal ist mein Vetter wirklich ein Ekel. Dann möchte ich ihn am liebsten an den Schultern packen und ordentlich schütteln.

„Ist das der Dank dafür, dass wir dir die Arbeit abgenommen haben?", entgegne ich aufgebracht.

„Wie lange seid ihr denn schon hier?", keucht Su außer Atem.

Flo blickt auf seine Armbanduhr. „Wir sind genau um 15.20 Uhr angekommen. Jetzt ist es 15.30 Uhr."

„Ätsch, stimmt nicht." Su hält ihm herausfordernd ihr Handgelenk unter die Nase. „Auf meiner Uhr ist es erst 15.20. Ihr seid also zur selben Zeit wie wir angekommen." Bastian, Heiko und Flo starren meine kleine Schwester sprachlos an. So einer umwerfenden Logik haben sie nichts Gleichwertiges entgegenzusetzen. Sie müssen sich geschlagen geben.

„Deine Uhr geht nach dem Mond." Heiko hat als erster die Sprache wiedergefunden.

„Quatsch", brummt Su mit unerschütterlicher Ruhe, „meine Uhr geht ganz genau."

Bastian stöhnt gequält auf. „So eine Cousine ist eine Strafe des Himmels."

„Willst du mich etwa beleidigen?", faucht Su. Sie

lässt ihr Fahrrad fallen, ohne sich darum zu kümmern, dass die Lenkstange auf Flos Fuß landet, und geht wütend mit erhobenen Fäusten auf Bastian los.

Bastian hebt abwehrend die Arme. „Reg dich ab, Cousinchen. Ich ergebe mich. Aber gewonnen haben wir trotzdem."

„Ist ja auch egal", meint Heike besänftigend, „ob gewonnen oder nicht, ein Eis kriegen wir alle."

„Erst mal sehen, in welcher Stimmung meine Mutter heute Abend ist", gibt Bastian zu bedenken.

Da wird die Tür, vor der die drei Jungen sitzen, plötzlich von innen geöffnet, und weil sie mit den Rücken gegen die Tür lehnen, fallen sie wie auf Kommando nach hinten um. Nun sind wir an der Reihe, laut zu lachen. Es sieht zu komisch aus, wie sie wie die Käfer auf dem Rücken liegen und mit den Beinen in der Luft strampeln.

Frau Meyer stimmt in unser Gelächter mit ein. „Hallo, bringt ihr heute alle acht gemeinsam die Zeitung? Ihr seid ja völlig verschwitzt. Möchtet ihr etwas trinken?"

Unsere Gesichter hellen sich auf.

„Das Beste, was ich heute höre", nickt Bastian und rappelt sich hoch.

„Dann kommt herein."

Ich lehne mein Rad an die Hauswand. Bandit springt aus dem Fahrradkorb und verschwindet in Begleitung der beiden Tigerkatzen der Meyers, die wir einmal unter abenteuerlichen Umständen gerettet haben, hinter dem Lagerhaus. Wir folgen Frau Meyer durch die Diele in die große, geräumige Küche und greifen gierig nach den Limoflaschen, die sie vor uns auf den Tisch stellt.

Heike blickt sich suchend um. „Es ist so still hier",

wundert sie sich, „sind Birthe und Katrin nicht da?" Birthe und Katrin sind die kleinen Töchter der Meyers.

„Die beiden sind bei meiner Mutter in Elmshorn zu Besuch", erklärt Frau Meyer, „mein Mann und ich fahren heute Abend hin und holen sie wieder ab."

„Was macht Toni?", erkundige ich mich neugierig. „Haben Sie schon etwas von ihm gehört?"

„Toni geht's gut. Ich habe erst gestern mit ihm telefoniert. Er brennt darauf, in den nächsten Ferien wieder hierherzukommen, um mit euch ein neues Abenteuer zu erleben."

„O Mann", prustet Heiko, „die Sache mit den verschwundenen Goldmünzen war ja wirklich ein verzwickter Fall."

„Ich habe heute Post aus München bekommen." Bastian fährt mit der Hand in die Innentasche seiner Jacke und befördert eine reichlich zerknitterte Postkarte ans Licht.

„Dreimal dürft ihr raten, von wem."

„Von Toni?" Su beugt sich gespannt vor.

„Voll ins Schwarze getroffen."

„Und damit rückst du erst jetzt heraus?", sagt Heike vorwurfsvoll.

„Ich hatte die Karte ganz vergessen", entschuldigt sich Bastian.

„Ausgerechnet an dich hat er geschrieben?" Ich bin ein wenig eingeschnappt. Toni hätte doch auch an mich oder Heike eine Karte schicken können.

„Ich bin ja nun mal der Anführer", sagt Bastian großspurig. Er kann es einfach nicht lassen, sich bei jeder Gelegenheit aufzuspielen. „Stellt eure Lauscher auf Empfang. Ich lese euch die Karte vor: Hallo, ihr Acht vom großen Fluss! Habt ihr schon wieder

ein aufregendes Abenteuer erlebt? Hier in München ist zwar unheimlich viel Action, aber so spannend wie bei euch ist es nicht. Schreibt mal!
Euer Toni
PS: Grüßt auch Hamster Husch und Kater Bandit von mir.

Schon wieder taucht der Dicke auf

Flo hebt lauschend den Kopf. „Ich glaube, es hat an der Haustür geklingelt.“ Frau Meyer eilt aus der Küche. Sie unterhält sich in der Diele mit jemandem. Wir achten nicht weiter darauf. Erst als ich die Worte »Telefon prüfen« aufschnappe, klickt es plötzlich bei mir.
„Seid mal still“, flüstere ich, „das muss der Dicke von der Post sein. Er fragt in der ganzen Umgebung,

ob die Telefone okay sind."

Leider hat die Küche kein Fenster zum Hof hin. Aber es gibt eine Hintertür zum Garten, durch die ich mich leise entferne.

Ich schleiche dicht an der Wand entlang und luge vorsichtig um die Hausecke. Auf dem Hof steht derselbe graue Lkw, der auch neben unserer Ligusterhecke parkte. Die Tür des Führerhauses steht offen. Ein junger Bursche lümmelt gelangweilt auf dem Sitz. Er ist eine komplette, jüngere Ausgabe von Knollennase, wie ich verblüfft feststelle, nur ist sein Bauch nicht ganz so rund, und unter seiner Schirmmütze quellen lange, blonde Haare hervor.

„Das sind bestimmt Vater und Sohn", muss ich gerade denken, als plötzlich die Haustür geöffnet wird und Knollennase erscheint.

Ich ziehe meinen Kopf rasch zurück und luge nur

mit einem Auge um die Ecke.

„Sie haben wirklich wunderhübsche, alte Möbel“, sagt Knollennase zu Frau Meyer, die hinter ihm steht, „man kann direkt neidisch werden. Antike Möbel sind nämlich mein Hobby“, setzt er schwärmerisch hinzu, „wollen Sie die Anrichte und das wundervolle Steingutgeschirr wirklich nicht verkaufen?“

Als Frau Meyer den Kopf schüttelt, fügt er rasch hinzu:

„Und die Bauerntruhe aus massiver Eiche auch nicht?“

„Nein, nein.“ Frau Meyer wehrt lachend ab. „Unsere Möbel sind unverkäuflich. Das sind alles alte Erbstücke von den Vorfahren meines Mannes. Sie sind schon seit über hundert Jahren im Familienbesitz, und wir hängen sehr daran.“

„Dann ist also nichts zu machen?“

„Nein.“

„Schade“, seufzt der Dicke. Er zieht ein enttäuschtes Gesicht.

„Ich fürchte, bei den Bauern in der Umgebung werden Sie ebenfalls kein Glück haben“, fährt Frau Meyer fort. „Früher haben sie schon mal ab und zu billig ein altes Möbelstück verkauft. Aber seitdem sie erkannt haben, dass die alten Sachen sehr wertvoll sind, sind sie nicht mehr so schnell mit dem Verkauf bei der Hand.“

„Pech.“ Knollennase schielt noch einmal sehnsuchtsvoll durch die offenstehende Tür in die Diele. Er scheint sich kaum vom Anblick der alten Truhe trennen zu können. Schließlich reißt er sich mit einem Seufzer los und schlendert zum Lkw hinüber.

„Klaus“, ruft Frau Meyer ihrem Mann zu, der gerade aus dem Lagerhaus kommt, „denk daran, dass wir nachher die Kinder abholen wollen. Mutter hat uns noch zum Abendessen eingeladen."

Der Dicke, der gerade schnaufend ins Führerhaus klettert, hält inne. „Ach, Sie müssen noch fort?", fragt er interessiert. „Da sind wir ja gerade rechtzeitig gekommen, um den Anschluss zu prüfen."

Frau Meyer nickt. „Ja, zwei Stunden später, und Sie hätten uns nicht mehr angetroffen."

Während Frau Meyer ins Haus zurückeilt, kommt es mir so vor, als reibe sich der Dicke vergnügt die Hände. Dann zieht er die Wagentür zu, und der graue Lkw fährt in einer Staubwolke davon.

Nachdenklich blicke ich hinterher. irgendetwas stimmt an dem Fahrzeug nicht. Aber sosehr ich mir auch den Kopf zerbreche, es will mir nicht einfallen, was.

„Sabine, wo bleibst du denn?" Ungeduldig werde ich von den Freunden empfangen.

„Wir müssen los", drängt Heiko, „sonst wird es für unsere Segeltour zu spät."

„Husch, komm zu mir", lockt Heike den Goldhamster, der es sich inzwischen auf Flos Hand bequem gemacht hat. Flo zaubert mit der anderen Hand eine Erdnuss nach der anderen aus seiner Hosentasche. Husch packt sie sie mit seinen winzigen Pfötchen und stopft sie in seine Backentaschen, die bereits prall gefüllt sind.

„Jetzt reicht es, sonst platzt du noch." Heike nimmt den Hamster zärtlich an sich.

Wir verabschieden uns von Frau Meyer, bedanken uns für die Limo und holen unsere Räder.

„Bandit!" Laut rufe ich meinen Kater. Aber Bandit hat taube Ohren. Er lässt sich nicht blicken. Heiko bearbeitet ungeduldig seine Fahrradklingel. „Seid ihr endlich soweit?“

„Bandit ist verschwunden.“ Ich laufe um das Lagerhaus und um die Windmühle, kann Bandit aber nirgends entdecken. Sicher hockt er mit den zwei Tigerkatzen in irgendeinem Versteck und kümmert sich nicht um mein Rufen. Was nun? Ich mache ein besorgtes Gesicht. Ohne meinen Kater mag ich nicht fahren.

„Bandit sitzt hinter dem Häuschen und lacht sich eins ins Fäustchen“, singt Su laut. „Reimt sich toll, was?“

„Ein Kater kann gar nicht lachen“, berichtige ich.

„Kann er doch“, behauptet Su steif und fest.

„Lass Bandit doch hier“, drängt Heiko ungeduldig, „er wird schon allein heimfinden. Auf unserer Insel ist er auch öfter allein zurückgeblieben.“

„Dort kennt er sich auch aus, und außerdem gibt es auf dem Bananensand keine Autos, die ihn überfahren könnten.“

„Wenn Bandit mit den zwei Tigerkatzen zusammenhockt, hört er nicht“, meint Bastian, „da können wir warten, bis wir schimmelig werden. Lasst uns losfahren, dann kommt er bestimmt nach.“

Mir bleibt nichts anderes übrig, als den Freunden zu folgen; wohl ist mir nicht dabei. Andauernd blicke ich mich um, aber die Landstraße bleibt einsam und leer. Kein schwarzer Kater jagt hinter uns her.

„Kaum sieht Bandit irgendwo eine Katzendame, sind wir Luft für ihn“, ruft Su erbost. „Wir müssen wohl eine Leine für ihn kaufen, Sabine.“

Ich muss unwillkürlich schmunzeln. Einen Bandit, der brav und folgsam an einer Leine neben uns hermarschiert, kann ich mir beim besten Willen nicht

vorstellen.
„Lasst uns eine Weile warten“, bitte ich die Freunde. Wir steigen von unseren Rädern und setzen uns an den Straßengraben.
„Ich sehe schon“, seufzt Heiko ergeben, „unsere Segeltour fällt ins Wasser.“
„Na und?“ Heike steht mir bei. „Schließlich ist ein Kater wichtiger. Segeln können wir immer.“
„Sagt mal, kommt es euch nicht auch komisch vor, dass Knollennase überall nach alten Möbeln fragt?“ Ganz in Gedanken streiche ich mir die Ponyfransen aus der Stirn, obwohl das vergebliche Mühe ist, denn sie fallen sofort wieder hinein.
„Knollennase? Wer ist denn Knollennase?“, fragt Heiko erstaunt.
„Na, so nennt Sabine den Dicken von der Post, der überall prüft, ob die Telefonapparate okay sind“, erklärt Flo. „Er war doch eben auch bei den Meyers.“
„Ach, so“, brummt Heiko uninteressiert, „den kenne ich nicht. Was habt ihr nur mit dem? Schließlich ist es doch nicht verboten, nach alten Möbeln zu fragen.“
„Möbel sind eben sein Hobby“, meint Heike, „so wie Bastian Flugzeugmodelle bastelt und Heiko Briefmarken sammelt.“
„Mein Hobby ist Lesen“, ergänzt Flo.
„Als ob wir das nicht wüssten.“ Su rümpft die Nase.
„Mein Hobby ist Malen“, unterbreche ich sie, „und Sus Hobby ist, anderen Leuten auf die Nerven zu gehen und sich ausfragen zu lassen.“
„Heike, ich habe Knollennase nur erzählt, dass ihr noch einen uralten Schreibtisch habt. Durfte ich das nicht?“ Su tut beleidigt.
„Ach, der olle Schreibsekretär“, sagt Heike wegwer-

fend, „der ist noch von meinem Ururgroßvater. Es schadet doch nichts, wenn du Knollennase davon erzählt hast."

„Siehst du, Sabine." Su streckt mir triumphierend die Zunge heraus.

Ich tue so, als ob ich es gar nicht bemerke.

„Wollen wir jetzt den ganzen Nachmittag hier hocken und über alte Möbel schwatzen und auf einen Kater warten, der nicht kommt?", mault Heiko. „Ich könnte mir was Spannenderes vorstellen."

„Du hast nur schlechte Laune, weil deine Kaugummis alle sind." Flo hat es erfasst. Wenn Heiko nichts zu kauen hat, ist er ungenießbar.

„Vielleicht ist Bandit ja schon längst zu Hause", stimmt Bastian zu, „wenn wir uns beeilen, können wir gerade noch einen kleinen Segeltörn vor dem Abendessen machen." Heiko springt als erster auf die Beine. „Tempo, Freunde!", schreit er und schwingt sich auf sein Fahrrad.

Su überredet Flo, sein BMX-Rad mit ihrem Rad zu tauschen. Dieses Rad, auf dem Flo die tollsten Sprünge wie ein junges Fohlen vorführt, hat es Su schon lange angetan. Um abzukürzen, biegen wir von der Straße in einen schmalen Feldweg ein. Hier kommt nur alle Jubeljahre mal ein Traktor vorbei, und wir können unbesorgt nebeneinander fahren.

Su sprintet voraus. Sie bemüht sich, den Vorderreifen ebenso elegant hochzureißen, wie Flo das immer macht.

„Pass auf, dass du nicht in den Graben fährst", warnt Flo.

Da ist das Unglück auch schon passiert. Su kommt mit dem Rad zu nah an die Böschung.

„Hilfe, ich kann nicht mehr bremsen", kreischt sie.

Im nächsten Augenblick ist sie mitsamt dem Rad im Graben verschwunden.

Wir machen eine Vollbremsung, werfen die Räder hin und laufen zum Grabenrand. In dem Graben befindet sich zum Glück nur wenig Wasser, dafür aber umso mehr Schlamm. Su taucht prustend, mit grünen Wasserpflanzen behangen, wieder auf. Aus ihren rotblonden Haaren tropft das schwarze Grabenwasser, und wie sehen ihre neue rosa Latzhose und das gelbe Sweatshirt aus! Ein mindestens zwanzig Zentimeter langer Riss klafft im Hosenbein, und die rosa Farbe ist vor Schmutz gar nicht mehr zu erkennen.

„Hast du dich verletzt?", frage ich besorgt.

Su schüttelt den Kopf. Sprechen kann sie vor Schreck noch nicht. Dafür quaken die aufgescheuchten Frösche umso lauter.

Heike und ich ziehen die nach Moder und Fäulnis duftende Su an den Armen aus dem Graben.

„Du riechst nicht gerade angenehm." Bastian hält sich die Nase zu. Su zieht ihre Schuhe aus und schüttet das Grabenwasser hinaus, während Heike und ich Grasbüschel ausrupfen und sie damit abwischen, so gut es eben geht.

Heiko und Bastian brauchen all ihre Kräfte, um das BMX-Rad aus dem Graben zu hieven. Mit einem schmatzenden Geräusch gibt der zähe Schlamm seine Beute endlich frei. Flo kriegt beinahe einen Weinkrampf, als er sein verschmutztes Rad sieht.

Er hüpft am Grabenrand entlang und zetert: „Mein schönes Rad ist total im Eimer!"

„Quatsch", fährt Su ihn an. „Es ist nicht im Eimer, sondern nur schmutzig. Du musst es waschen, dann ist es wieder wie neu."

„Ich muss es waschen?“, ruft Flo entgeistert. „Ich? Bin ich etwa damit in den Graben gefahren? Wenn es jemand waschen muss, so bist du das.“

„Nun ist es endgültig zu spät für unseren Segeltörn“, brummt Heiko mürrisch, als wir gegen sechs Uhr vor Haus Nummer 1 eintrudeln.

Flo wirft Su einen bitterbösen Blick zu. Er sagt nicht einmal tschüs, als er sein schmutziges Rad über die Auffahrt schiebt.

„Der beruhigt sich schon wieder“, meint Su unbekümmert.

„Am besten, du stellst dich mitsamt deinen Klamotten unter die Dusche, damit Mama nicht der Schlag trifft, wenn sie dich so sieht“, rate ich Su, als wir unsere Räder in der Garage abstellen.

Ohne ein Wort zu erwidern, schleicht Su kleinlaut ins Haus. Bastian und ich begleiten Heike und Heiko noch zum Hafen. Die Flut hat inzwischen eingesetzt, und die HAI ist ein beträchtliches Stück mit den Wellen an der Hafenmauer emporgeklettert. Heike und Heiko brauchen nur drei Sprossen hinunterzusteigen, um in ihr Boot zu gelangen.

„He, Bastian“, fällt es Heiko plötzlich ein, „du bist uns noch ein Eis schuldig, weil wir dir geholfen haben, die Zeitungen auszutragen.“

„Vielleicht morgen“, vertröstet Bastian ihn und löst die Leine vom Poller.

„Tschüs.“ Heike und Heiko haben es auf einmal eilig, denn es fängt langsam an zu dämmern. Die Hafenlaterne am Molen-Ende leuchtet bereits, und die grünen und roten Lichter der Leuchttonnen, die im Fluss das Fahrwasser für die großen Schiffe kennzeichnen, blitzen ebenfalls auf.

Langsam steige ich mit Bastian den Deich hinauf.

Hinter den großen Fenstern des Cafés ist es dunkel und still. Der Bus mit den Ausflüglern hat Diekhusen längst verlassen. Oben, auf der Deichkrone, drehe ich mich noch einmal um. Die kleine Jolle hat schon fast die Insel erreicht.

Ich verabschiede mich von Bastian, renne den Deich hinunter in unseren Garten und biege gerade um die Garagenecke, als mein Vater das Tor zuklappt.

„Hallo, Papa. Hast du Bandit unterwegs gesehen?"

„Bandit? Nein. Ist er nicht zu Hause?"

„Wir haben ihn bei der alten Mühle aus den Augen verloren."

„Keine Sorge, Sabine, spätestens zum Abendessen ist er wieder da."

Aber Bandit, der sonst immer pünktlich zu den Mahlzeiten an der Haustür miaut, lässt sich diesmal nicht hören. Unlustig stochere ich im Essen herum und blicke immer wieder zu Bandits Teller auf dem Fußboden hinunter. Kein schwarzer Kater sitzt davor und lässt es sich schmecken.

„Er wird schon wieder auftauchen", versucht Papa mich zu trösten.

„Bandit hat ein Rennewu mit den Tigerkatzen", kichert Su.

„Rendezvous heißt das", verbessert Mama automatisch.

„Sag mal, Su, wieso hast du so nasse Haare?"

„Weil ich geduscht habe."

„Geduscht?", fragt Mama argwöhnisch. Wenn Su von ganz allein unter die Dusche geht, ist das wirklich verdächtig. Meistens muss Mama sie erst darunter scheuchen. „Nun ja", erzählt Su mit ihrem unschuldigen Augenaufschlag, „ich bin mit dem Fahrrad in den Graben gerutscht und ein wenig schmutzig geworden."

„Etwa in deiner neuen Latzhose und deinem schönsten Sweatshirt?" Ahnungsvoll springt Mama auf und rennt ins Badezimmer, wo sie einen lauten Schrei ausstößt. Kurz darauf erscheint sie mit fassungslosem Gesicht in der Küche. In den Händen hält sie Sus rosa Latzhose oder vielmehr das, was einmal eine rosa Latzhose war.

„Su, wie oft soll ich dir noch sagen, dass du deine alten Jeans anziehen sollst, bevor du spielen gehst", schimpft Mama.

„Besser eine kaputte Hose, Uta, als kaputte Knochen." Papa nimmt die Sache nicht so tragisch.

„Genau", stimmt Su schnell zu, „was wäre dir lieber, Mama, eine schmutzige, zerrissene Hose oder ein gebrochenes Bein?"

Da muss Mama trotz ihres Ärgers wieder lachen. „Natürlich die zerrissene Hose."

Ich nutze die gute Gelegenheit und frage rasch: „Kann ich noch einen Sprung zu Bastian hinübergehen? Wir schreiben morgen eine Englisch-Arbeit, und ich wollte ihn noch was wegen der Grammatik fragen."

„Was nehmt ihr denn zurzeit durch? Vielleicht kann ich es dir ja auch zeigen", bietet sich Papa an.

Seine plötzliche Hilfsbereitschaft passt gar nicht in meinen Plan.

„Lies mal", wehre ich ihn ab, „ich muss auch noch was anderes mit Bastian besprechen."

Bevor Su aufmerksam wird, schnappe ich rasch meine Jacke vom Garderobenhaken und schlüpfe aus der Haustür.

Ein seltsames Zusammentreffen

„Stopp, keinen Schritt weiter“, schreit Bastian mich an, als ich seine Zimmertür öffne.

Erschrocken ziehe ich meinen Fuß zurück. Überall auf dem Teppichboden verstreut liegen winzige Bauteile eines Flugzeugmodells. Bastian selbst hockt wie ein Schiffbrüchiger auf seinem Floß in der Mitte seines Bettes und hält einen halbfertigen Flugzeugrumpf in der Hand.

„Bastelst du etwa schon wieder ein Flugzeug?“, frage ich entgeistert und blicke an den Regalen auf und ab, die alle mit Modellflugzeugen vollgestopft sind.

„Immer dieser Staub“, schimpft seine Mutter oft, „warum sammelst du keine Briefmarken wie Heiko? Die passen wenigstens in ein Album, und das kann man in eine Schublade legen.“

Aber Bastians Hobby sind nun einmal Flugzeuge. Seitdem er vor kurzem mit einer Cessna über Diekhusen fliegen durfte, ist seine Leidenschaft noch schlimmer geworden.

„Bleib bloß draußen, Sabine“, warnt Bastian mich, „sonst trittst du womöglich noch auf ein Bauteil, und ich kann den Doppeldecker nicht mehr fertigbauen.“

Es ist mir sowieso schleierhaft, wie Bastian in diesem Durcheinander das richtige Teil finden kann.

„Was willst du denn?“

„Dich fragen, ob du mit mir zur alten Mühle fährst. Ich mache mir Sorgen um Bandit. Er ist noch nicht nach Hause gekommen."

„Na und? Er hockt eben noch bei den Tigerkatzen. Große Lust habe ich nicht, jetzt im Dunkeln nochmal dahin zu strampeln."

„Komm doch mit", bitte ich, „allein macht es keine Laune."

„Außerdem ist bei uns dicke Luft. Meine Mutter ist sauer, weil ich mich heute Nachmittag verdrückt habe. Darfst du denn noch los im Dunkeln?"

„Ich habe gesagt, dass ich noch mit dir für die Englisch-Arbeit lernen will."

„Schlaues Kind. Okay, wenn du meine Mutter überreden kannst, komme ich mit."

Ich finde Tante Almut und Onkel Henning im Wohnzimmer. Sie haben es sich vor dem Fernseher bequem gemacht.

„Tante Almut, darf Bastian noch eine Stunde zu mir kommen?"

„Nein", knurrt meine Tante, ohne die Augen vom Bildschirm abzuwenden.

„Er muss mit mir Englisch üben", jammere ich, „sonst schreibe ich morgen todsicher eine Fünf."

Nun muss Tante Almut doch ein Einsehen haben. Tatsächlich, sie wird weich wie Butter in der Sonne. Nicht mehr ganz so verbissen, schaut sie mich an.

„Und das fällt dir ausgerechnet am Abend vorher ein?" Aber als sie meine jammervolle Miene sieht, stimmt sie seufzend zu. „Also gut, bis acht Uhr kann er mitgehen, aber keine Minute länger."

„Danke, Tante Almut, du bist ein Schatz", rufe ich.

Erleichtert laufe ich zu Bastian zurück und verkünde ihm die frohe Botschaft. Er balanciert wie ein Seiltänzer zwischen den Flugzeugteilen hindurch, greift sich seine Jacke vom Garderobenhaken und schlüpft hinter mir aus dem Haus.

Wir schwingen uns auf unsere Räder und brausen los. Die Straßenlaternen beleuchten den Weg. Aber als wir das Dorf hinter uns lassen, durchschneidet nur noch der schmale Lichtstreifen unserer Fahrradlampen die Dunkelheit.

Bastian legt die Unterarme gemütlich auf den Lenker und fragt mich unregelmäßige Verben ab. So schlagen wir zwei Fliegen mit einer Klappe. Ich übe englisch, wie ich zu Hause gesagt habe, und gleichzeitig halten wir nach Bandit Ausschau.

Schon von weitem sehen wir die Flügel der alten Windmühle. Sie ragen gespenstisch in den etwas helleren Abendhimmel. Das Lager- und das Wohnhaus sind in der Dunkelheit kaum zu erkennen. Alles ist finster. Nur über der Haustür des Wohngebäudes brennt ein schwaches Licht.

„Niemand da“, brummt Bastian.

„Die Meyers sind weggefahren, um ihre beiden Kinder bei der Oma abzuholen“, erinnere ich ihn, als wir unsere Räder gegen das Lagerhaus lehnen.

Bastian stößt sich den Kopf an einem Mauervorsprung.

„Jetzt könnten wir eine Taschenlampe gebrauchen“, schimpft er und betastet die Beule.

„Bandit“, rufe ich laut in die Dunkelheit, „Bandit, wo steckst du?“

Wir lauschen eine Weile. Nichts rührt sich. Nur der Wind rauscht in den Apfelbäumen, und ab und zu knackt und raschelt es hinter dem Haus. Ich bin froh, dass Bastian neben mir steht. Allein hätte ich mich bestimmt gefürchtet. Im Finstern wirken die dunklen, verlassenen Gebäude so unheimlich.

„Wo bleibt denn dieser verflixte Kater?“ Bastian

schellt ärgerlich mit der Fahrradklingel.

„Miau“, maunzt es da neben uns. Etwas Weiches, Schwarzes streicht um meine Beine.

„Da bist du ja, Bandit.“ Unendlich erleichtert nehme ich meinen Kater auf den Arm und setze ihn in den Fahrradkorb. „Jetzt aber schnell nach Hause.“

Im Lichtschein unserer Fahrradlampen glühen plötzlich vier grüne Punkte gespenstisch vor uns auf. Unwillkürlich stoße ich einen Schrei aus.

„Das sind keine Gespenster, sondern die beiden Tigerkatzen der Meyers“, grinst Bastian spöttisch, „oder weißt du nicht, dass Katzenaugen einfallendes Licht zurückwerfen, Sabine?“

Natürlich weiß ich das. Trotzdem habe ich mich ganz schön erschrocken.

Wir sind noch nicht weit gekommen, als wir das Motorengeräusch eines Autos hinter uns hören. In der Ferne tauchen zwei lange Lichtkegel auf, die sich rasch nähern. Wir fahren dicht an den Straßenrand, um den Wagen vorbeizulassen. Aber kurz bevor uns die Lichter der Scheinwerfer erfassen, biegt das Auto plötzlich ab. Wir springen von unseren Rädern und blicken ihm erstaunt nach.

„Der Wagen ist in den Weg zur Mühle eingebogen“, ruft Bastian. „Meyers kommen zurück.“

„Jetzt schon?“ wundere ich mich. „Ich denke, die wollen bei der Oma noch zu Abend essen.“

Die Scheinwerfer erlöschen, und das Motorengeräusch erstirbt.

„Du, Sabine, das ist übrigens kein Personenwagen, sondern ein Lkw“, erklärt Bastian, „das habe ich genau am Geräusch des Motors gehört.“

Plötzlich verspüre ich ein eigenartiges Kribbeln in der Magengegend, wie immer, wenn ich glaube, einem Abenteuer auf der Spur zu sein. Stirnrunzelnd blicke ich zu den dunklen Gebäuden zurück. Irgendetwas macht mich stutzig, und plötzlich weiß ich auch, was.

„Komisch, Bastian, im Haus bleibt ja alles dunkel. Wenn wir nach Hause kommen, machen wir zuerst mal Licht."

„Ich sage dir doch, dass der Wagen ein Lkw war. Das sind nicht die Meyers."

„Wer denn sonst?"

„Bin ich Hellseher?" brummt Bastian. „Vielleicht Freunde von den Meyers."

„Aber wenn niemand zu Hause ist, müssten sie doch wieder wegfahren."

„Das werden sie wohl auch gleich."

Wir blicken noch eine Weile zur Mühle hinüber. Dort bleibt jedoch alles still. Obwohl ich Bastian in der Dunkelheit nicht deutlich sehen kann, weiß ich, dass er jetzt beunruhigt mit den Ohren wackelt.

„Wir können ja mal nachsehen, wer da ist", schlägt er zögernd vor.

Vorsichtshalber stellen wir den Dynamo ab und radeln im Finstern die Straße zurück. Neben der Einfahrt zur alten Mühle verstecken wir unsere Räder im Straßengraben.

„Warte hier auf uns", befehle ich meinem Kater leise.

Aber Bandit denkt gar nicht daran zu gehorchen. Er springt aus dem Fahrradkorb und folgt uns verwundert. Wir schleichen uns im Schutz der Bäume von der Gartenseite heran. Viel kostbare Zeit vergeht, weil wir uns erst vorsichtig an die Gebäude herantasten müssen.

Gerade stecken wir unsere Köpfe um die Hauswand, da ruft eine Stimme, die mir irgendwie be-

kannt vorkommt:
„Fertig!“

Im selben Moment knallen zwei Autotüren zu. Der Motor wird gestartet, und gleichzeitig blitzen zwei helle Scheinwerfer auf. Mit knapper Not können wir uns gerade noch rechtzeitig hinter die Hauswand werfen. Um ein Haar wären wir voll im Flutlicht gestanden. Der Lastwagen rumpelt dicht an uns vorüber.

Benommen rappeln wir uns hoch.

„Das Nummernschild!“, schreie ich aufgeregt. „Hast du die Auto-Nummer erkannt, Bastian?“

Bastian spurtet dem Wagen mit Riesensätzen nach. Ich warte mit klopfendem Herzen auf seine Rückkehr.

„Pech“, keucht er, als er schnaufend wieder antrabt, „die Nummernschild-Beleuchtung ist kaputt. Ich konnte nichts erkennen.“

Ich schließe die Augen, um mich besser konzentrieren zu können.

„Die Stimme“, überlege ich laut, „die Stimme habe ich bestimmt schon mal irgendwo gehört. Wenn mir bloß einfallen würde, wo.“

Bastian zuckt die Schultern. „Also mir war die Stimme total unbekannt.“

„Bastian, ob das Einbrecher waren?“, frage ich erschrocken.

„Das werden wir gleich feststellen.“ Bastian rennt zum Wohnhaus und untersucht das Türschloss.

„Alles in Butter. Das waren keine Einbrecher“, winkt er ab. „Die wollten die Meyers besuchen, und da niemand zu Hause ist, sind sie wieder weggefahren.“

„Meinst du?“ Ich bin nicht recht überzeugt. Um festzustellen, dass niemand zu Hause ist, braucht man doch nicht so lange. Und warum hat ein Mann »fertig« gerufen? Andererseits muss ich Bastian recht geben. Die Haustür ist ordentlich verschlossen. Was auch immer die Männer hier hergeführt hat, einbrechen wollten sie bestimmt nicht. Meine Phantasie ist wohl mit mir durchgegangen.

„Diesmal hat dich deine Nase getäuscht, Sabine." Bastian gibt mir einen gutmütigen Knuff in den Rücken. „Mensch, Tempo", ruft er nach einem Blick auf seine Armbanduhr erschrocken, „es ist gleich Viertel vor acht." Ich schnappe rasch Bandit, der wie ein Denkmal zwischen den Tigerkatzen auf der schwachbeleuchteten Stufe vor der Haustür sitzt. Bandit miaut unwillig und sträubt sich in meinem Arm. Aber ich halte ihn fest. Er soll mir nicht noch einmal entwischen.

Wie zwei Raketen flitzen wir auf unseren Rädern nach Diekhusen zurück. Auf die Minute pünktlich, langen wir total geschafft zu Hause an.

„Na", meint Papa erstaunt, als ich, nach Luft ringend, den Kopf ins Wohnzimmer stecke, „du machst ja einen ganz erschöpften Eindruck, Sabine. Ich wusste gar nicht, dass Englischlernen so anstrengend ist."

Ich merke, wie ich rot werde, sage rasch: „Gute Nacht", und ziehe mich schleunigst auf mein Zimmer zurück, um weiteren unangenehmen Fragen zu entgehen.

Der Möbelklau geht um

Als ich am nächsten Morgen in Begleitung meines schwarzen Katers zur Bushaltestelle renne, sitzen nur Flo und Heike auf der Bank im Wartehäuschen.

Die Haltestelle befindet sich vor Haus Nummer 5. LEBENSMITTEL HAUSHALTSWAREN POST, steht in schwarzen, schnörkeligen Buchstaben über dem Schaufenster des kleinen Ladens, der den Büntjes gehört.

„Wo steckt Su denn?“ wundere ich mich, denn meine kleine Schwester hat bereits einige Zeit vor mir das Haus verlassen.

Flo deutet mit dem Daumen zur Ladentür. „Da drin. Sie will Lakritz kaufen.“

„Und wo ist Heiko?“

„Auch im Laden“, erklärt Heike, „er war gestern schon unausstehlich, weil seine Kaugummivorräte zur Neige gegangen sind.“

Kaum hat sie ausgesprochen, scheppert eine Klingel, und die Ladentür fliegt weit auf. Heiko und Su drängen beide gleichzeitig mit vor Aufregung geröteten Gesichtern ins Freie. Ihnen folgt etwas langsamer die schwergewichtige Frau Büntje.

„Habt ihr schon gehört?“ Heiko schwenkt wild seine Kaugummitüte. Wir blicken ihn erwartungsvoll an. Das heißt, Bandit blickt nur auf die Tüte in Heikos Hand. Ob dort drin etwas ist, was auch Katzen mögen?

„Was ist denn passiert?“ Neugierig springen wir von der Bank auf. Su schiebt Heiko unsanft beiseite. Um ihm zuvorzukommen, sprudelt sie überstürzt die Worte hervor: „In der alten Mühle ist letzte Nacht eingebrochen worden.“

Heike, Flo und mir bleibt die Spucke weg. „Soll das ein Witz sein?“

„Das ist kein Witz, sondern nackte Tatsache“, ruft Heiko. Zur Bekräftigung seiner Worte schüttelt er die Tüte so wild, dass sie gegen Flos Ranzen schlägt und aufplatzt. Eine Menge bunter Kugeln kullern hinaus und rollen über den Gehweg.

Während Heiko noch fassungslos auf die leere Tüte in seiner Hand starrt, stürzt sich Bandit auf die Kugeln. Begierig schnuppert er daran. Diese Kaugummikugeln sind nicht nach seinem Geschmack. Trotzdem lässt sich etwas mit ihnen anfangen. Er langt spielerisch mit der Pfote danach und kullert sie hin und her.

Heiko kriecht auf allen Vieren auf dem Gehweg umher, sammelt die Kugeln ein und steckt sie in seine Hosentasche. Bandit ist entzückt von dem neuen Spiel. Er springt vor Heiko herum und schiebt die Kugeln fort, wenn Heiko danach greifen will.

Wir müssen lachen und vergessen beinahe die eben gehörte Sensation. Erst als Su beleidigt ruft: „Fragt doch Frau Büntje, wenn ihr uns nicht glaubt“, erinnern wir uns wieder an die schockierende Nachricht.

„Ja, es stimmt“, bestätigt Frau Büntje. Sie weiß immer zuerst, was in Diekhusen und Umgebung los ist.

„Was ist denn gestohlen worden?“, fragt Flo neugierig.

„Die Bauerntruhe und die Anrichte mitsamt dem wertvollen Steingutgeschirr sind verschwunden.“

„So eine Gemeinheit“, entrüstet sich Heike, „die Möbel haben wir gestern noch in der Diele stehen sehen. Haben die Meyers denn nichts gemerkt?“

„Sie waren gestern Abend gar nicht zu Hause. Na, und als sie später zurückkamen, sahen sie die Bescherung.“

„Wie sind die Diebe denn ins Haus gekommen?“, fragt Flo mit großen Augen.

Ja, das würde mich auch interessieren.

„Sie haben die Hintertür aufgebrochen“, gibt Frau Büntje bereitwillig Auskunft.

Ich Hornochse! Dass ich daran aber auch nicht gedacht habe! Kein Wunder, dass die Haustür ordentlich verschlossen war, wenn die Diebe durch die Hintertür spaziert sind. Während meine Gedanken Purzelbäume schlagen, bekomme ich einen unsanften Knuff in die Seite. Bastian, der inzwischen unbemerkt zu uns gestoßen ist, wirft mir einen bedeutungsvollen Blick zu. „Mensch, Sabine, da war doch was faul gestern Abend.“

Bevor ich antworten kann, rumpelt der alte, rote Schulbus heran. Wir steigen ein. Nur Heiko kriecht unentwegt am Boden umher und versucht, Bandit die Kaugummikugeln abzujagen.

Der Fahrer beugt sich ungeduldig vor. „Brauchst du eine Extraeinladung?“, ruft er. „Willst du nun einsteigen oder nicht?“

Schweren Herzens trennt sich Heiko von den Kugeln, schnappt seine Schulmappe und steigt zu uns in den Bus. Bandit bleibt als Sieger auf dem Gehweg zurück. Seine

Pfote liegt stolz auf zwei Kaugummikugeln.

„Eigentlich ist dein Kater schon zu alt, um mit Kugeln zu spielen“, motzt Heiko mich an.

„Mach dir nicht ins Hemd“, spotte ich, „die zwei Kugeln, die Bandit erbeutet hat, wirst du wohl noch verschmerzen können.“

„Hast du 'ne Ahnung. Ich habe eben mein letztes Taschengeld ausgegeben. Der Kaugummivorrat muss noch einige Tage reichen.“

„He, kommt mal alle her“, ruft Bastian wichtigtuerisch.

„Sabine und ich haben eine tolle Neuigkeit.“

Obwohl der Bus außer uns und dem Fahrer leer ist, drängen wir uns alle auf der letzten Bank, wo wir tuschelnd die Köpfe zusammenstecken.
Der Fahrer beobachtet uns misstrauisch im Rückspiegel.
„Klebt bloß keinen Kaugummi an die Sitze“, warnt er vorsichtshalber.
Wir beachten ihn gar nicht, denn die Neuigkeit, mit der ich eben aufgeregt herausplatze, verschlägt allen die Sprache.
„Bastian und ich haben gestern Abend die Einbrecher gesehen.“
Ich hole tief Luft und blicke gespannt in die Gesichter meiner Freunde, um die Wirkung meiner Worte zu beobachten. Heike, Heiko, Flo und Su sind echt platt. Eine Weile starren sie mich verblüfft an, dann klickt es endlich bei ihnen.
„Flunkert ihr auch nicht?“, fragt Flo argwöhnisch.
„Ach, was“, winkt Su ab, „Sabine spinnt mal wieder.“ „Ich spinne nicht“, rufe ich erbost. Das hat man davon, wenn man seiner kleinen Schwester wichtige Geheimnisse anvertraut.
„Es stimmt haargenau“, bestätigt Bastian. „Sabine und ich waren gestern Abend noch mal an der alten Mühle.“
„Gar nicht wahr“, ruft Su dazwischen. „Sabine ist zu dir gegangen, um Englisch zu lernen.“
„Wir haben aber nicht Englisch gelernt, sondern waren an der alten Mühle, um Bandit zu suchen“, schnauze ich Su aufgebracht an.
„Und dabei habt ihr die Einbrecher überrascht?“ Flo fallen beinahe die Augen aus dem Kopf, so aufgeregt ist er.
„Wer war es denn?“ Heiko beugt sich gespannt vor.

Ich zucke die Achseln. „Das wissen wir leider nicht. Es war ja dunkel."

„Warum habt ihr dann nicht gleich die Polizei verständigt?" wundert sich Heike.

Tja, nun muss ich leider zugeben, dass wir die Gestalten an der Mühle für harmlose Besucher gehalten haben.

„Siehst du, Bastian, meine Nase hat mich doch nicht im Stich gelassen", füge ich ärgerlich hinzu. „Ich habe ja gleich gesagt, dass das verdächtig ist, wenn ein Lastwagen so lange vor der Mühle steht, obwohl doch niemand zu Hause war."

„Wie kann ich denn auch ahnen, dass dort tatsächlich Diebe einsteigen!", verteidigt sich Bastian. „In Diekhusen wurde doch noch nie etwas gestohlen."

„Ist ja jetzt nicht mehr zu ändern", meint Heike achselzuckend.

„Sabine, du bist richtig gemein. Immer, wenn es ein Abenteuer gibt, nimmst du mich nicht mit." Su zieht einen Schmollmund.

„Mensch, bist du blöd", fauche ich sie an, „ich konnte doch nicht ahnen, dass wir Zeuge eines Einbruchs werden würden."

„Außerdem haben wir ja gedacht, dass es harmlose Besucher wären", steht Bastian mir bei. „Jetzt, wo wir wissen, dass bei den Meyers wertvolle Möbel gestohlen wurden, sieht die Sache natürlich anders aus."

„So ein Mist, dass die Nummernschild-Beleuchtung des Lkw kaputt war", ärgere ich mich.

„Was nun?", fragt Heike. „Müsst ihr eure Beobachtung nicht der Polizei melden?"

„Wozu denn?", antworte ich schnell. „Wir haben ja nicht mal die Nummer von dem Lkw. Erkannt haben wir leider auch keinen von den Männern. Sie fuhren ja gerade ab, als wir uns durch den Garten angeschlichen hatten. Wir können der Polizei überhaupt keine genauen Angaben machen."

„Ja", stimmt Bastian zu, „besser, wir sagen vorläufig nichts. Wenn meine Mutter erfährt, dass wir gar nicht Englisch gelernt haben, sondern statt dessen zur alten Mühle geradelt sind, reagiert sie sauer, und wir können unser Eis in den Wind schreiben."

„Stimmt", nickt Heiko und leckt sich über die Lippen, „du hast uns ja ein Eis fürs Zeitungsaustragen versprochen."

„Sabine." Su bemüht sich, mit strengem Gesicht den Tonfall unserer Mutter nachzuahmen. „Du hast also gestern Abend gar nicht Englisch gelernt. Na, ich bin gespannt, wie deine Englisch-Arbeit ausfallen wird."

Au Backe, das bin ich allerdings auch. Ich darf gar nicht daran denken.

„Ein bisschen dämlich seid ihr schon gewesen", meint Heiko. „Beobachtet Einbrecher und lasst sie unerkannt entkommen."

„Du hättest an unserer Stelle auch nicht anders gehandelt", verteidigt sich Bastian, „schließlich haben wir ja nicht im Traum daran gedacht, dass die Leute bei den Meyers Möbel klauen."

„Möbel." Su verzieht geringschätzig den Mund. „Wenn sie die Goldmünzen, die Herr Meyer sammelt, gestohlen hätten, das würde ich ja noch verstehen. Aber Möbel! Ob die kein Geld haben, um sich einen Schrank zu kaufen?"

„Es waren ja keine alltäglichen Möbel", sagt Heike nachdenklich, „sondern wertvolle, alte Stücke. Dafür bekommt man heute eine Menge Geld. Es gibt

Leute, die sind ganz verrückt danach, die bezahlen jeden Preis, um sich so eine alte Truhe oder Kommode ins Haus stellen zu können.“

„Euer Schreibtisch und die alte Standuhr sind wohl auch sehr wertvoll, Heike?“

„Das kannst du glauben.“

„Dann passt auf, dass sie euch nicht auch gestohlen werden“, warnt Flo.

„Haha“, lacht Heiko übermütig. „Auf unsere Insel kann kein Lkw kommen. Da sind wir sicher.“

Ich höre gar nicht mehr richtig zu. Meine Gedanken kreisen unaufhörlich um alte Möbel. Wer hat sich nur so auffällig für antike Möbel interessiert? Na klar, der Dicke von der Post! Knollennase hat Su doch nach Strich und Faden ausgefragt, wer in unserer Gegend noch alte Möbel besitzt. Prompt taucht er bei den Meyers an der alten Mühle auf und bewundert Truhe und Anrichte. Und schien es mir nicht so, als ob er sich vergnügt die Hände gerieben hätte, als Frau Meyer erzählte, dass sie nachher fortfahren? Kaum sind die Meyers weg, erscheinen dunkle Gestalten mit einem Lkw und stehlen die wertvollen Möbel. Das kann kein Zufall sein. Möbel und Knollennase, da muss irgendein Zusammenhang bestehen. Aber seit wann stehlen Postbeamte antike Möbel! Und wenn Knollennase gar nicht von der Post kommt? Wenn er nur so tut, um sich Eintritt in die Häuser zu verschaffen? Mir wird ganz heiß vor Aufregung. Aber bevor ich den anderen meine Überlegungen mitteilen kann, hält der Bus. Einige Kinder von den umherliegenden Bauernhöfen steigen zu. Sie setzen sich vor uns, und wir müssen unser spannendes Gespräch abbrechen.

An jeder Haltestelle füllt sich der Bus mehr. Als

schließlich das gelbe Ortsschild von Glückstadt auftaucht, ist er bis auf den letzten Platz besetzt.

„Treffpunkt: 14 Uhr am Ausguck“, raune ich Flo und Su zu, als der Bus vor der Grundschule hält und die beiden aussteigen müssen. Wir anderen fahren noch ein Stück weiter, am Marktplatz vorbei, zur Realschule.

Unfreiwillige Hilfe

Obwohl ich kaum noch stillsitzen kann, weil ich meinen Verdacht unbedingt Heike und Bastian mitteilen möchte, muss ich mich gedulden, bis es zur großen Pause schellt. Von der Mathe- und Biostunde habe ich überhaupt nichts mitbekommen. Ja, ich weiß nicht einmal, welches Thema der Lehrer angesprochen hat. In meinem Gehirn spuken nur Möbel und falsche Postbeamten herum.

„Sag mal, ist dir nicht gut?“, fragt Heike besorgt, als wir die Treppe hinuntergehen. „Du bist ja geistig vollkommen weggetreten.“

„Heike, trommele rasch Bastian und Heiko zusammen. Es ist wichtig. Wir treffen uns an der Mauer neben den Mülltonnen.“

Heike geht auf die Suche nach Bastian. Ich entdecke Heiko unten in der Halle. Er wirft gerade ein Markstück in den Getränkeautomaten.

„He“, stoße ich ihn an, „ich denke, dein Taschengeld ist alle.“

„Das ist es auch. Aber ich habe noch einen Euro in meiner Federtasche gefunden. Unverhoffter Glücksfall“, strahlt Heiko.

Ich ziehe ihn ungeduldig am Ärmel. „Los, Beeilung, wichtige Geheimbesprechung.“

„Sekunde.“ Heiko fischt die Coladose aus dem Automaten und folgt mir hastig.

Bastian und Heike warten schon am Treffpunkt. Aufgeregt teile ich ihnen meinen Verdacht mit.

„Mensch, Sabine, du könntest recht haben“, gibt Bastian widerwillig zu. Er ärgert sich immer noch, dass er die Gestalten im Lkw für harmlos gehalten hat.

„Dieser Dicke oder Knollennase, wie du ihn nennst, Sabine, hat sich ja wirklich verdächtig benommen“, meint Heike, „bei uns ist er allerdings nicht aufgetaucht.“

„Er hat wohl kein Boot“, grinst Heiko. Er schüttelt die Coladose wild hin und her. „Aber das nutzt ja alles nichts. Der Dicke oder Knollennase ist euch durch die Lappen gegangen.“

„Auf jeden Fall können wir beim Fernmeldeamt anrufen und uns erkundigen, ob in der Nähe von Diekhusen Störungen waren“, überlegt Heike laut, „dann wissen wir wenigstens, ob Knollennase gelogen hat oder nicht.“

„Gute Idee“, stimmt Bastian zu.

„Am liebsten möchte ich sofort anrufen.“ Ungeduldig blicke ich über den Schulhof. Leider gibt es hier in der Nähe keine Telefonzelle.

„Geht nicht“, meint Heike, „erst mal müssen wir jetzt gleich die Englisch-Arbeit hinter uns bringen.“

So ein Mist! Meine Hochstimmung verfliegt augenblicklich. Möchte wissen, wer das dumme Arbeiten schreiben erfunden hat. Das Leben wäre viel angenehmer ohne.

Ich seufze tief auf und blicke mich um. Der Schulhof hat sich inzwischen geleert. Wir müssen wohl das Klingelzeichen überhört haben. Frau Maak, die Aufsicht hat, kommt mit langen Schritten auf uns zu.

„Hallo, ihr vier! Braucht ihr eine Extraaufforderung? Es hat geklingelt.“

Heiko, der gar nicht mehr an seinen Durst gedacht hat, reißt hastig den Deckel seiner Coladose auf, um noch rasch einen Schluck zu nehmen. Allerdings hat er total vergessen, dass er die Dose eben noch tüchtig geschüttelt hat. Kaum hat er den Deckel hochgerissen, da spritzt die Cola wie eine Fontäne aus der Dose. Der Strahl trifft Frau Maak mitten ins Gesicht. Die dunkle Flüssigkeit verschmiert ihre Brillengläser, rinnt über ihre Nase, läuft an ihrem Kinn entlang und tropft von dort auf ihre makellos weiße Bluse. Ich weiß nicht, wer erschrockener ist, wir oder die Maak. Jedenfalls bleiben wir eine Weile wie zu Stein erstarrt stehen. Als Heiko sich endlich besinnt und die Hand über die Dosenöffnung hält, befindet sich das meiste der Cola auf Frau Maaks Bluse.

Frau Maak reißt ihre Brille ab, sucht nach einem Taschentuch und wischt sich das klebrige Zeug aus den Augen. Ihr Gesicht ist rot angelaufen vor Wut.

„Tut mir leid“, stammelt Heiko entsetzt, „es war keine Absicht.“

„Das wäre ja auch noch schöner!“, schnaubt Frau Maak.

„Wenn du mit Coladosen nicht umgehen kannst, solltest du sie lieber im Automaten lassen.“

Jetzt, da der erste Schock vorbei ist, müssen Bastian, Heike und ich an uns halten, um nicht zu lachen. Es sieht aber auch zu komisch aus, wie die wütende Frau Maak, die immer so viel Wert auf Ordnung legt, mit zerzauster Frisur, verschmiertem Gesicht und klatschnasser Bluse vor uns steht.

„Geht in eure Klassenräume zurück!“, fährt sie uns an. „Du Bastian, sorgst für Ruhe. Ich gehe rasch nach Hause und ziehe mich um.“

Heiko atmet auf. Er ist noch einmal davongekommen. Aber er freut sich zu früh. Frau Maak dreht sich auf dem Absatz um und ruft mit honigsüßer Stimme: „Heiko, von dir bekomme ich am Montag einen Aufsatz über das Thema: Wie ich mich während der Pause ordentlich benehme.“

Damit stakst sie über den Schulhof davon zur nächsten Querstraße, wo sich ihre Wohnung befindet.

Heiko schneidet eine Grimasse hinter ihr her. „Mist!“, sagt er laut. Wir gehen nebeneinander zum

Schulgebäude zurück. Jetzt können wir nicht mehr an uns halten. Wir platzen laut los.
„Habt ihr das Gesicht von der Maak gesehen?"
„Irre. Schade, dass ich keinen Fotoapparat zur Hand hatte."
„Einfach Spitze, Heiko. Hast du das mit Absicht gemacht?"

„Quatsch. Ich bin doch nicht blöd und opfere für die Maak freiwillig meine schöne Cola. Das war purer Zufall. Ich habe einfach nicht mehr daran gedacht, dass ich die Dose vorher tüchtig geschüttelt habe. Pech, jetzt ist sie so gut wie leer.“ Er nimmt den letzten Schluck.

„Ich könnte mich totlachen“, feixt Bastian.

„Ihr habt gut lachen“, nörgelt Heiko, „ihr habt nur den Spaß gehabt und braucht euch das Wochenende nicht den Kopf über dem dusseligen Aufsatz zu zerbrechen.“

„Heiko, ich könnte dich umarmen“, schreie ich plötzlich erleichtert. „Du hast mich gerettet!“

„Wieso das denn?“ Heiko macht ein verdutztes Gesicht.

„Bis sich Frau Maak umgezogen hat und zurückkommt, vergeht mindestens die Hälfte der Stunde. Das heißt: Die Englisch-Arbeit fällt aus.“

„Wenn das so ist“, sagt Heiko schnell, „müsstest du eigentlich aus Dankbarkeit den Aufsatz für mich schreiben.“

„Okay“, stimme ich in meinem Freudentaumel zu, „mache ich.“

„Super!“ Heiko grinst erfreut und setzt sich in Trab, denn eben kommt sein Mathelehrer den Gang entlang.

Frau Maak erscheint tatsächlich mit zwanzig Minuten Verspätung.

„Die Englisch-Arbeit wird auf Montag verschoben“, verkündet sie ein wenig atemlos. „Nehmt eure Bücher heraus. Wir lesen die neue Lektion.“

Ich zwinkere Heike vergnügt zu. Eine kurze Galgenfrist ist gewonnen. Die Englischstunde geht zum Glück auch vorüber, und dann haben wir nur noch Kunst und Sport. Da kann ich meinen Gedanken wenigstens freien Lauf lassen, und die kreisen wie der Mond um die Erde unentwegt um Knollennase und antike Möbel. Niemand ist froher als ich, als wir endlich wieder im Bus sitzen, der uns immer weiter von der Schule wegbringt. Ein herrliches Wochenende liegt vor uns. Es ist ja nicht nötig, dass ich mich heute sofort hinsetze und Englisch pauke. Schließlich kann ich das ja noch auf Samstag oder Sonntag verschieben. Bis Montag ist zum Glück noch massig Zeit.

„Bleib doch zum Mittagessen bei uns, Heike", schlage ich gutgelaunt vor, „wir rufen deine Mutter an und sagen ihr Bescheid."

Heike nickt erfreut.

„Dann muss ich allein zum Bananensand segeln", mault Heiko.

„Du kannst ja mit zu mir kommen", meint Bastian.

„Okay, aber Heike und ich müssen heute Nachmittag rechtzeitig zu Hause sein, weil unsere Eltern zur Landwirtschaftsausstellung nach Rendsburg fahren wollen."

„Ich denke, die ist erst morgen", wendet Bastian ein.

„Stimmt. Aber unsere Eltern wollen die Gelegenheit nutzen und heute Abend mal groß ausgehen. Sie übernachten im Hotel."

„Vergiss dein Abzeichen nicht, Flo", mahnt Su, als wir vor Haus Nummer 5 aus dem Bus steigen.

„Wieso glaubt ihr immer, dass ich alles vergesse?" Flo setzt eine beleidigte Miene auf.

„Treffpunkt: 14 Uhr am Ausguck", ruft Su ihm unbeirrt nach, „wenn du nicht pünktlich bist, findet die Versammlung ohne dich statt."

Flo schüttelt ärgerlich seinen Lockenkopf und trabt nach Hause. Su hüpft singend über den Gehweg. Der Ranzen auf ihrem Rücken wippt im Takt mit.

Mit einem Riesensatz springt sie über Bandit, der sich auf dem Plattenweg sonnt.

„Hallo, Bandit“, begrüße ich meinen Kater und steige ebenfalls über ihn, da er keinerlei Anstalten macht, beiseite zu gehen.

Bandit beobachtet Heike aufmerksam mit seinem gesunden Auge.

„Du brauchst mich gar nicht so anstarren“, grinst Heike,

„Husch sitzt nicht unter meiner Jacke, sondern in seinem Käfig auf dem Bananensand.“

„Hallo, Mama“, schreit Su an der Haustür und klingelt gleichzeitig Sturm.

„Kann Heike bei uns essen, Mama?“, frage ich, als meine Mutter öffnet.

Mama nickt. „Frikadellen sind genug da, aber ob die Kartoffeln reichen...“

„Die reichen schon“, sage ich rasch, „statt Kartoffeln können wir ja eine Frikadelle mehr essen.“

Bandit hebt schnuppernd die Nase und folgt uns rasch ins Haus. Zielstrebig rennt er in die Küche zu seiner Schüssel. Mama hat ihm rohes Hackfleisch hineingetan. Bandit schnappt sich einen Fleischbrocken und frisst genüsslich.

„War die Englisch-Arbeit schwer?“, erkundigt sich Mama, während sie das Kartoffelwasser abgießt.

„Zum Glück ist sie ausgefallen.“ Kichernd erzählen Heike und ich das Erlebnis mit Heikos Coladose.

„Heiko ist aber auch ein Pechvogel.“ Mama schüttelt schmunzelnd den Kopf.

Su lacht schallend los. „Das muss ich auch mal machen“, ruft sie begeistert.

„Untersteh dich!“, sagt Mama energisch.

„Geht sowieso nicht.“ Su zieht ein enttäuschtes Gesicht.

„Wir haben keinen Getränkeautomaten in der Schule. Wir kriegen nur Milch und Kakao.“

„Ein Glück“, seufzt Mama erleichtert. „So, Kinder, das Essen ist fertig. Su, ruf mal bitte Papa.“

„Hat Papa heute frei?"

„Nur bis heute Abend. Er hat Nachtdienst.“

Heike hält den Rekord im Frikadellenessen. Sie schafft fünf Stück, während ich schon meine liebe Not mit der dritten habe.

Nach dem Essen ziehen wir uns auf mein Zimmer zurück. Bandit springt auf mein Bett und hält dort sein gewohntes Verdauungsschläfchen.

Heike macht sich über die Mathe-Aufgaben her, während ich vor einem weißen Blatt Papier sitze und stirnrunzelnd die Überschrift betrachte: Wie ich mich in der Pause ordentlich benehme.

Ich ärgere mich, dass ich mit meinem Versprechen so voreilig war. Aber nun hilft alles nichts. Wenn ich nicht den ganzen Nachmittag hier sitzen will, muss mir endlich etwas einfallen.

Schließlich habe ich tatsächlich einige Sätze zu Papier gebracht und lese sie Heike vor. „Wenn ich eine Cola trinken möchte, darf ich die Dose vorher nicht schütteln, damit die Kohlensäure nicht aufsteigt. Bevor ich den Verschluss aufreiße, muss ich mich vergewissern, ob keine andere Person in der Nähe ist, die nassgespritzt werden könnte. Erst dann öffne ich vorsichtig die Dose und kann trinken. Meinst du, das genügt?“

„Hm“, brummt Heike, „ich würde sagen, Thema verfehlt. Das ist ja eine Gebrauchsanweisung zum

Öffnen von Coladosen.“
„Na und“, meine ich unbekümmert, „darum geht es ja auch.“
Ich stecke das Blatt unter mein Sweatshirt, um es nachher Heiko zu geben, und blicke aus dem Fenster über den Deich. Gerade noch sehe ich Bastian und Heiko im Schilf verschwinden.
„Seid ihr fertig?“, fragt Su und steckt den Kopf in unser Zimmer.
Wir nicken.
„Mama, wir gehen spielen“, rufe ich in die Küche.
„Psst, leise“, antwortet meine Mutter. „Papa hat sich noch eine Stunde hingelegt, weil er heute Nachtdienst hat. Ich gehe nachher zu Almut und helfe ihr im Café. Heute ist Freitag, und es werden bestimmt eine Menge Gäste kommen.“
Wir schleichen auf Zehenspitzen aus dem Haus, damit wir Papa nicht aufwecken. Bandit kommt nicht mit uns. Ohne den Goldhamster lohnt es sich nicht, findet er. So bleibt er auf meinem Bett liegen und hofft, dass Mama ihn nicht findet. Sie mag es nämlich nicht, wenn der Kater in meinem Bett liegt.

Die HAI auf Verfolgungsjagd

Ich tauche als erste aus dem Schilf auf, dicht gefolgt von Heike und Su. Die Strickleiter baumelt einladend aus der alten, dicken Weide. Rasch turne ich an ihr zu unserem Ausguck hinauf.
Bastian hockt auf dem Brett und schreibt emsig in

seinen Notizblock. Heiko hat die Ellbogen auf das Regal gestützt, um besseren Halt zu haben, und beobachtet angestrengt den Fluss durch sein Fernglas.

„Möchte wissen, wem das Boot gehört, das am Steg des Bananensandes liegt“, murmelt er undeutlich vor sich hin.

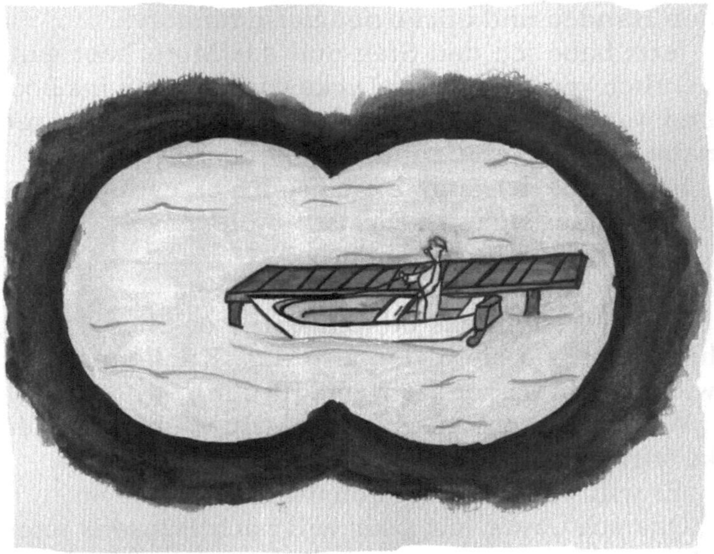

Heike und Su zwängen sich neben mich.

„Alle sind da, nur Flo fehlt natürlich wieder“, sagt Su schnippisch.

„Liest er etwa ein neues Abenteuerbuch?“, erkundige ich mich. „Dann können wir ihn für heute abschreiben.“

„Was starrst du denn andauernd zum Bananensand hinüber, Heiko?“, wundert sich Heike. „Gibt es was Interessantes zu sehen?“

„Am Steg liegt ein fremdes Motorboot. Ah, jetzt

steigt jemand hinein."

„Wer denn?"

„Kenne den Typ nicht, so ein Dicker mit Latzhose und Schirmmütze."

„Was sagst du? Ein Dicker mit Latzhose und Schirmmütze?" Ich werde aufmerksam.

„Lass mal sehen." Ich reiße Heiko das Fernglas aus den Händen und blicke neugierig hindurch.

Jetzt habe ich den Steg und das Motorboot ganz deutlich vor Augen. Der Dicke springt eben ins Boot und wendet mir dabei das Gesicht zu. Zum Anfassen nahe, sehe ich eine runde Knollennase vor mir.

„Ich glaube, ich spinne", japse ich erregt und lasse das Fernglas sinken. „Das ist Knollennase!"

„Echt?", staunen die anderen.

Bastian kommt in Fahrt. „Lass sehen."

Ich reiche ihm das Fernglas, und er blickt hastig hindurch. „So sieht der also aus. Knollennase ist wirklich ein passender Name für ihn."

„Was der nur auf unserer Insel will?" überlegt Heike stirnrunzelnd.

„Er will wohl euer Telefon prüfen", meint Su.

„Quatsch", rufe ich, „der will nach Hansens alten Möbeln Ausschau halten. Su hat ihm ja genug davon erzählt."

„Los, ihm nach! Worauf wartet ihr noch?", schreit Heiko plötzlich und springt vom Ausguck hinunter. „Schnell zur HAI, sonst entkommt er uns abermals."

Bastian folgt Heiko auf dem Fuße, und auch Heike und ich springen vom Baum aus in den Sand. Su traut sich nicht zu springen. Sie rutscht an der Strickleiter hinunter.

So schnell wir können, jagen wir über den schma-

len, ausgetretenen Pfad durch das Schilf. Su rennt mit wehenden Zöpfen hinter uns her und ruft verzweifelt: „Wartet auf mich!"
Plötzlich bleibt Heiko ruckartig stehen. Bastian, Heike und ich, die noch in vollem Lauf sind, können nicht so schnell stoppen und purzeln übereinander.

Schnaufend holt Su uns ein. „Was habt ihr denn?", fragt sie verwundert.

Benommen rappeln wir uns hoch. Jetzt sehe ich, was Heikos Lauf so abrupt gebremst hat. Flo, der nichtsahnend durch das Schilf trabte, ist mit Heiko zusammengestoßen.

„Aus dem Weg!" Heiko schiebt Flo einfach beiseite. Weiter geht die wilde Jagd zum Hafen.

„He, wo wollt ihr denn hin? Wartet doch!", ruft Flo verdutzt hinter uns her. „Wir wollten uns doch am Ausguck treffen."

„Wir müssen Knollennase verfolgen", schreit Su ihm im Vorüberlaufen zu.

Als Su und Flo an der Mole auftauchen, sind wir bereits in die Jolle gesprungen. Bastian und ich rollen die Leinen auf, Heike zieht in fliegender Hast das Segel am Mast hoch, und Heiko nimmt seinen Steuerplatz auf dem Achter-Staukasten ein.

„Wir wollen auch mit!", brüllt Su verzweifelt.

Flo und Su sitzen noch nicht richtig im Boot, da stößt Bastian die HAI bereits von der Mauer ab. Das Segel füllt sich knatternd mit Wind. Die Jolle schießt aus dem kleinen Hafen von Diekhusen und nimmt Kurs auf das Motorboot weit vor uns im Fluss.

Heike kramt für jeden eine leuchtend orangefarbene Schwimmweste aus dem Schapp, die wir rasch über den Kopf streifen. Ohne Schwimmweste dür-

fen wir nicht auf der Elbe segeln. Das ist zu gefährlich. Trotzdem gibt es immer noch Segler, die sich aus Leichtsinn oder Gedankenlosigkeit ohne Schwimmweste in ihren Booten auf den Strom wagen. Auch wenn der Fluss noch so friedlich und ruhig dahinströmt, der Anblick täuscht. Unter seiner Oberfläche lauern gefährliche Strömungen und tückische
Strudel, gegen die auch ein geübter Schwimmer oft machtlos ist. Nicht immer ist mein Vater mit dem Zollkreuzer zufällig in der Nähe, um einen Segler, der über Bord gefallen ist, rechtzeitig zu retten.

Ich kauere mich im Bug nieder und halte mit dem Fernglas Ausschau. Knollennase tuckert ahnungslos in seinem Boot Flussabwärts. Nicht einen einzigen Blick wirft er zurück.

Die HAI rauscht dicht an einer der roten Leuchttonnen vorbei, die die tiefe Fahrrinne für die großen Seeschiffe kennzeichnen. Die roten Tonnen haben gerade Zahlen, während die grünen Tonnen auf der anderen Seite des Fahrwassers ungerade Nummer n aufweisen. Bei Sonnenuntergang fangen sie automatisch zu blinken an, sodass die Schiffe anhand der roten und grünen Lichter auch nachts sicher ihren Weg stromaufwärts nach Hamburg oder stromabwärts zum Meer finden.

Ein weißes Kühlmotorschiff stampft in einiger Entfernung an uns vorüber. Heike blickt an den frisch gestrichenen Aufbauten hoch.

„Der Pott fährt jetzt wohl nach Afrika und holt Bananen."

„Nein, nach Mittelamerika", berichtigt Heiko.

„Gibt es dort auch Bananen?", staunt Su.

„Na klar. Jede Menge. In vier Wochen stampft das

Schiff wieder vollbeladen flussaufwärts."

„Da möchte ich mal mitfahren", sagt Flo träumerisch. Er blickt den Möwen nach, die das Schiff unaufhörlich umkreisen.

Ich halte das Gesicht in den Wind und lecke über meine salzig schmeckenden Lippen. Gibt es etwas Schöneres, als mit der HAI über die Wellen zu gleiten und zu dem weißen Segel hinaufzublinzeln? Mir wird richtig leicht zumute. Alle unliebsamen Gedanken an die bevorstehende Englisch-Arbeit lösen sich wie Nebel in der Sonne auf. Unregelmäßige Verben und Vokabeln fliegen weit fort wie die Wolken über uns.

„Hallo, Sabine, lass mein Fernglas nicht fallen." Heikos mahnende Worte rufen mich wieder in die Wirklichkeit zurück. Schuldbewusst halte ich nach Knollennase Ausschau. Sein Motorboot entfernt sich stetig weiter von uns."

„Wirf den Motor an, Heiko", ruft Bastian erregt, „sonst entwischt er uns."

„Erstmal können vor Lachen", gibt Heiko zurück. „Es ist kein Benzin im Tank."

„Immer dasselbe", regt Bastian sich auf, „braucht man den Außenbordmotor mal, dann ist kein Benzin da."

„Pustet alle kräftig ins Segel", schlägt Heiko kichernd vor,

„vielleicht kommen wir dann schneller vorwärts."

Aber der verrückte Vorschlag bringt ihm nur einen verachtungsvollen Blick von Bastian ein.

„Was machen wir denn, wenn Knollennase aufs offene Meer hinausfährt?", fragt Flo erschrocken.

„Mit der kleinen Nuss- Schale wagt er das nicht." Heiko lacht belustigt auf. „Was soll er da auch?"

„Keine Angst“, beruhige ich Flo, „Knollennase hält auf die Hafeneinfahrt von Glückstadt zu.“

Das Motorboot verschwindet hinter der Mole und wird für uns unsichtbar. Als die HAI endlich in den Außenhafen einfährt, beugen wir uns gespannt vor. Wo ist Knollennase mit seinem Boot geblieben?

Rechterhand liegt der grüne Zollkreuzer an seinem Anlegesteg und ihm gegenüber das kleinere, blaue Boot der Wasserschutzpolizei. Dahinter schaukeln unzählige Segeljachten und Motorboote an ihren Bojen. Ihre Masten schwanken träge hin und her. Ich kann Knollennase nirgends zwischen ihnen entdecken.

„Der ist verduftet“, sagt Flo enttäuscht.

„Nein, ich sehe ihn!“ Su springt so ungestüm auf, dass die HAI wild hin und her schaukelt. Aufgeregt streckt sie ihren Arm aus. Als ich in die angezeigte Richtung blicke, klettert Knollennase gerade aus dem Boot und eilt über den Steg an Land.

„Segel fieren!“, kommandiert Heiko.

Das Segel rauscht am Mast hinab. Augenblicklich verlangsamt die HAI ihre Fahrt. Mindestens ein halber Meter Wasser liegt noch zwischen ihr und dem Steg, als Bastian, Heike und ich bereits ungeduldig hinausspringen und hinter dem Dicken herjagen.

Knollennase eilt auf die Schleusenbrücke zu. Die Schleuse trennt den Außenhafen vom Innenhafen.

Die Schiffe, die im Innenhafen liegen, können nur einige Zeit vor und nach dem Hochwasser das Hafenbecken verlassen. Nur zu diesem Zeitpunkt kann die Schleuse geöffnet werden, weil dann der Wasserspiegel von Elbe und Hafenbecken annähernd gleich ist. Würde die Schleuse bei Niedrigwasser geöffnet werden, so würde das ganze Wasser aus dem

Innenhafen auslaufen. Deshalb liegen auch der Zollkreuzer, das Boot der Wasserschutzpolizei und die meisten Segelboote im Außenhafen. Hier sind sie von der Schleuse unabhängig und können jederzeit den Hafen verlassen.
Wir folgen dem Dicken über die Schleusenbrücke zur anderen Hafenseite. Auf dem Parkplatz stehen einige Autos und mitten zwischen ihnen - der graue Lkw.

Ich kneife Bastian erregt in den Arm. Aber er hat den Wagen ebenfalls schon erspäht.

„Was meinst du, Bastian, ob das derselbe Lkw ist, den wir abends an der alten Mühle gesehen haben?"

„Ich weiß nicht", sagt Bastian zögernd, „da war ja alles finster, ich habe den Wagen nicht erkannt. Sabine, du wartest am besten hier. Der Dicke könnte Verdacht schöpfen, wenn du plötzlich auftauchst. Heike und mich kennt er nicht. Wir gehen mal zum Auskundschaften."

Ich ducke mich hinter einen breiten Mercedes und notiere für alle Fälle die Nummer des grauen Lkw, dessen Beifahrertür Knollennase eben aufreißt.

Bastian klopft an die Fahrertür. Das Fenster wird heruntergekurbelt, und der Kopf der jüngeren Ausgabe von Knollennase kommt zum Vorschein. Bastian sagt irgendetwas zu ihm. Der Typ schüttelt den Kopf und schließt das Fenster wieder. Der Motor springt an, und der graue Lkw fährt in Richtung Stadt davon.

Voller Spannung verlasse ich mein Versteck und laufe Heike und Bastian entgegen. „Habt ihr was rausgekriegt?" Bastian schüttelt den Kopf. „Ich habe den Typen gefragt, wo sie hinfahren und ob sie uns ein Stück mitnehmen können. Aber bevor er überhaupt den Mund aufmachen konnte, kam der Dicke dazwischen."

„Alles okay, fahr ab, hat er zu dem Jüngeren gesagt", berichtet Heike aufgeregt. „Das habe ich genau gehört."

„Viel haben wir ja nun gerade nicht erfahren", sagt Bastian niedergeschlagen.

„Macht nichts", tröste ich, „jedenfalls haben wir jetzt die Auto-Nummer." Ich blicke auf den Notizblock. „HH", lese ich nachdenklich vor. „Der graue Lkw kommt also aus Hamburg."

„Aus Hamburg?", fragt Heike erstaunt.

„Wisst ihr was", unterbricht Bastian sie mit vor Erregung heiserer Stimme, „jetzt haben wir den Beweis, dass Knollennase nicht bei der Post arbeitet."

„Wieso?" Heike und ich machen verständnislose Gesichter.

„Na, seht euch doch mal die Auto-Nummer an. HH, hat Sabine gesagt. Die Nummern der Postautos fangen aber alle mit BN an, das ist die Abkürzung für Bonn, dem Standort der Bundespost, egal, ob sie in Hamburg, Frankfurt oder München gemeldet sind."

Plötzlich fallen mir ganze Vorhänge von den Augen. „Na klar", stimme ich überrascht zu, „das Nummernschild. Bin ich denn blind gewesen? Mir ist schon nachmittags an der alten Mühle aufgefallen, dass an dem grauen Lkw irgendetwas nicht stimmt. Aber es wollte mir einfach nicht einfallen. Klar, die Nummernschilder der Postautos fangen immer mit BN an."

„Finde ich super, Bastian, dass dir das eingefallen ist", lobt Heike.

Bastian kriegt vor Stolz ganz rote Ohren. „Damit

wird Knollennase immer verdächtiger."
„Was er wohl auf dem Bananensand gewollt hat?", überlege ich stirnrunzelnd.
„Wir können ja hinsegeln und meine Mutter fragen", schlägt Heike vor, „und dann rufen wir auch gleich bei der Post an und erkundigen uns, ob Knollennase dort arbeitet und ob irgendwelche Störungen vorlagen."
Wir rennen zur HAI zurück. Su und Flo hocken wartend im Boot, während Heiko breitbeinig auf dem Steg steht und mit dem Hafenmeister schwatzt.
Als er uns sieht, verabschiedet er sich eilig und springt zu uns in die Jolle. Der Hafenmeister löst sogar die Leine vom Poller, wirft sie zu uns ins Boot und tippt grüßend an den Schirm seiner weißen Mütze, als wir langsam davontreiben.
„Hast du was rausgekriegt, Heiko?" Flo beugt sich gespannt vor.
„Klar. Der Hafenmeister hat mir erzählt, dass Knollennase das Boot für zwei Tage geliehen hat."
„Für zwei Tage?", wundere ich mich. „Dann will er also morgen das Boot noch mal benutzen."
„Habe mir gleich gedacht, dass er kein eigenes Boot hat", brummt Heiko. „Und was habt ihr entdeckt?"
Wir erzählen rasch, was uns aufgefallen ist.
„Was nun?", fragt Heiko unschlüssig. „Die Sache ist wirklich sehr verdächtig."
„Wir können ja meinen Vater auf der Glückstadt besuchen und ihn um Rat fragen", schlage ich vor. „Es ist gleich fünf Uhr. Papa wird sicher jeden Moment mit dem Auto hier aufkreuzen. Er hat heute Nachtdienst."
„Was sagst du, Sabine? Gleich fünf?", stößt Heike erschrocken aus. „Um fünf Uhr sollten wir spätes-

tens zu Hause sein, weil unsere Eltern dann fortfahren wollen.“

„Nichts, wie los.“ Heiko drängt uns auf die Sitzbank, während Heike in fliegender Hast das Großsegel hochzieht.

„Aber ich wollte doch meinem Vater von Knollennase und seinem verdächtigen Lkw berichten, der gar kein Postauto ist“, begehre ich auf. Doch da segelt die Jolle bereits an dem Zollkreuzer vorbei.

„Das kannst du morgen auch noch“, winkt Heiko ab, „jetzt ist keine Zeit dazu. Mein Vater rastet aus, wenn wir nicht so schnell wie möglich auf dem Bananensand antanzen.“

Ich zucke die Schultern und blicke zum grünen Zollboot zurück, während die HAI rasch aus dem Hafen gleitet. Auf dem Fluss packt uns der Wind genau von hinten. Er schiebt die kleine Jolle wie ein Spielzeug stromaufwärts vor sich her.

Bastian setzt auf Heikos Befehl zusätzlich das Vorsegel, damit die HAI noch schneller dahinfliegt.

Das Segeln vor dem Wind ist keineswegs so einfach, wie eine Landratte vielleicht denken könnte. Heiko hockt mit angespannter Miene auf dem Staukasten und umklammert die Pinne. Wenn er beim Steuern nicht genau aufpasst, kann das Boot leicht aus dem Ruder laufen, das heißt, vom Kurs abkommen, wobei die Jolle schlimmstenfalls sogar kentern kann.

Aber darüber mache ich mir im Moment keine Sorgen. Ich vertraue Heikos Steuermannskünsten. Eigentlich hat er ja recht. Wenn ich meinem Vater morgen früh von Knollennase und dem grauen Lkw erzähle, ist es noch rechtzeitig genug. Er hat sich für morgen noch einmal das Boot geliehen, folglich wird er mit seinem Lkw wieder am Hafen auftauchen.

Wir brauchen nichts anderes zu tun, als morgen rechtzeitig nach Glückstadt zu segeln, uns dort im Hafen auf die Lauer zu legen und abzuwarten, bis Knollennase auftaucht.

Und falls wir ihn verpassen sollten, haben wir ja immer noch die Nummer des Lkw. ‚Aber was ist, wenn die Nummer falsch ist?‘, frage ich mich plötzlich erschrocken.

Sabine sieht Gespenster

Außer Atem keuchen wir die Warft zu Hansens Bauernhof hinauf. Schäferhund Wotan springt bei unserem Anblick in seinem Zwinger wie toll hin und her und gibt nicht eher Ruhe, bis Heike und Heiko ihn begrüßt haben. Im selben Moment fliegt die Haustür auf, und die kleine, rundliche Frau Hansen stürzt heraus.

„Da seid ihr ja endlich!“, ruft sie aufgebracht. „Ich habe schon in ganz Diekhusen herumtelefoniert, aber niemand wusste, wo ihr steckt. Papa und ich sitzen hier wie auf heißen Kohlen. Habt ihr denn ganz vergessen, dass wir nach Rendsburg fahren wollen?“

Heike und Heiko senken schuldbewusst die Köpfe. „Wir haben es tatsächlich beinahe vergessen, Mama. Aber ihr hättet doch schon losfahren können.“

„Einfach wegfahren, ohne zu wissen, wo ihr steckt? Nein, da hätte ich unterwegs keine Ruhe. Außerdem können wir doch nicht den ganzen Hof ohne Aufsicht lassen.“

„Ist Kuddel denn nicht hier?“

„Nein. Er macht gerade an seinem Haus die Dachrinne sauber. Er kommt in einer halben Stunde."

Frau Hansen macht auf dem Absatz kehrt und eilt ins Haus zurück. „Hein", hören wir sie rufen, „Heike und Heiko sind endlich da. Wir können fahren."

Bauer Hansen ist gar nicht wiederzuerkennen, als er mit einer Reisetasche aus dem Haus tritt. Statt der üblichen Jeans und einem karierten Hemd trägt er einen Anzug, ein weißes Hemd und sogar einen Schlips.

Frau Hansen hat sich ebenfalls schwer in Schale geworfen, wie ich erst jetzt bemerke. Sie hat ein schickes olivgrünes Kostüm an.

Heiko stößt einen anerkennenden Pfiff aus und geht mit bewundernden Blicken um seine Eltern herum. „Was habt ihr denn für große Dinge vor?"

„Ausgehen wollen wir heute Abend", lacht seine Mutter.

„Wir kommen ja so selten von der Insel herunter. Die Gelegenheit müssen wir ausnutzen."

„Ich hoffe, dass hier alles klargeht", brummt Bauer Hansen. „Helft Kuddel beim Melken und holt nachher schon mal die Kühe von der Weide."

„Macht euch keine Sorgen", beruhigt Heike ihren Vater.

„Hier geht alles klar. Auf uns könnt ihr euch verlassen."

„Das sehen wir ja. Um fünf wolltet ihr hier sein. Und jetzt ist es bereits halb sechs."

„Kuddel schläft heute Nacht auf dem Hof", erzählt Frau Hansen, während wir alle gemeinsam zum Anlegesteg wandern. „Das Bett im Gästezimmer ist bereits frisch bezogen."

„Kuddel braucht nicht hier zu schlafen", wendet

Heiko ein. „Heike und ich sind doch keine Babys mehr."

„Trotzdem bin ich beruhigter, wenn ein Erwachsener hier ist."

Mir fällt plötzlich Knollennase wieder ein.

„Frau Hansen", frage ich aufgeregt, „war vorhin ein dicker Mann in einer blauen Latzhose und Schirmmütze bei Ihnen auf dem Hof?"

„Ja", nickt Frau Hansen erstaunt, „der kam von der Post. Er wollte prüfen, ob das Telefon in Ordnung ist."

Wir werfen uns bedeutungsvolle Blicke zu.

„Hat er sich etwa auch für unsere alte Truhe und für die Standuhr interessiert, Mama?", fragt Heike gespannt.

Ihre Mutter blickt verwundert auf. „Seltsam, dass du danach fragst. Er hat sich tatsächlich sehr für antike Möbel interessiert. Von der Truhe und der Standuhr war er hellauf begeistert. Ich habe ihm sogar den Schreibsekretär gezeigt. Den hätte er mir am liebsten sofort abgekauft. Der Schreibtisch ist ja wirklich auch wunderschön."

„Das finde ich nicht", brummt Heiko, „sämtliche Schubladen klemmen."

„Aber er ist noch von deinem Ururgroßvater", erklärt Bauer Hansen, „und sehr wertvoll."

„Ja", nickt seine Frau, „der Postbeamte konnte sich gar nicht sattsehen. Aber schließlich musste er doch gehen, weil ich ihm gesagt habe, dass wir unter Zeitdruck stehen, weil wir noch wegfahren wollen."

„Bei den Meyers hat sich Knollennase auch für alte Möbel interessiert", wirft Su ein.

„Und jetzt sind sie gestohlen worden", ruft Flo.

Die Hansens achten nicht auf die Worte der beiden. Sie klettern in das breite Motorboot, das vor der HAI am Steg schaukelt.

„Mama, dürfen Sabine und Bastian heute Nacht hier schlafen?“, fragt Heike plötzlich, während sie die Leine ins Boot wirft.

„Von mir aus gern, wenn eure Eltern es erlauben. O, da fällt mir ein, dass auf dem Küchenschrank noch eine fast volle Rumflasche steht. Heike, sei so gut und stell‘ sie gleich fort, damit Kuddel nicht in Versuchung kommt.“

„Ach, keine Bange“, meint Su treuherzig, „seitdem Kuddel damals als Brandstifter verdächtigt wurde, hat er versprochen, nicht mehr so viel zu trinken.“

„Vorsicht ist besser als Nachsicht!“, ruft uns Frau Hansen durch den Motorenlärm zu.

Das breite Boot tuckert gemächlich nach Diekhusen hinüber. Wir winken und blicken ihm so lange nach, bis es drüben im kleinen Hafen anlegt. Die Hansens holen jetzt ihren Wagen, den sie immer auf dem Parkplatz vor dem Café abstellen, denn was sollen sie mit einem Auto auf der Insel anfangen? Dort gibt es nur Feldwege, auf denen ein Traktor besser vorwärts kommt.

Wir blicken uns wie auf Kommando an.

„Habt ihr das gehört?“, platze ich atemlos heraus. „Knollennase hat sich hier auch für alte Möbel interessiert.“

„Wir sind ja nicht taub“, knurrt Bastian.

„Ob Knollennase die Möbel von Meyers gestohlen hat?“, fragt Flo ängstlich.

„Es könnte sein, es könnte aber auch nicht sein“, antworte ich diplomatisch. „Leider konnten Bastian und ich in der Dunkelheit weder den Lkw noch die Männer vor der Mühle erkennen.“

„Hoffentlich erscheint er nicht eines Tages hier bei euch auf dem Bananensand und klaut den Schreibsekretär eures Ururgroßvaters“, füge ich düster hinzu.

„Glaubst du wirklich, Sabine?“ Heike sieht mich zweifelnd an.

„Ist doch möglich.“

„Ach was“, kichert Su, „Sabine sieht wieder mal Gespenster.“

„Außerdem kann er ruhig kommen.“ Heiko stemmt herausfordernd die Hände in die Hüften. „Wotan wird ihn schon verjagen.“

Wir schlendern zum Hof zurück. Heike wählt die Nummer der Entstörungsstelle und erkundigt sich höflich, ob in Diekhusen irgendwelche Störungen waren und ob Fernmeldetechniker unterwegs sind, um die Telefonanschlüsse zu prüfen.

Wir stehen mit erwartungsvollen Gesichtern im Halbkreis um sie herum. „Na, was ist?“, fragen wir gespannt, als sie endlich den Hörer auflegt.

Heike holt tief Luft. „Sabine hat recht mit ihrer Vermutung. Weder in Diekhusen noch in der näheren Umgebung sind Störungen aufgetreten, und die Männer vom Entstörungsdienst sind folglich auch nicht hier gewesen.“

Su reckt ihre kleine Stupsnase wichtig in die Höhe. „Seht ihr wohl, ich habe gleich gesagt, dass der Dicke ein falscher Postbeamter ist. Aber auf mich wolltet ihr ja nicht hören.“

„Ach du“, brummt Bastian ärgerlich, „du hast das doch nur so daher gesagt.“

„Von wegen. Ich habe es Knollennase sofort angesehen, dass er nicht von der Post ist.“

„Ach, nein“, grinse ich herausfordernd, „und woran

bitte?“ Su klappt ihren Mund zu und runzelt die Stirn. Ich bin gespannt, was ihr nun als Ausrede einfallen wird.

„Woran? Nun, einfach daran, weil – weil – weil er ein graues Auto fuhr, und die Post hat immer gelbe Autos.“

Su blickt triumphierend in die Runde, als wolle sie sagen: „Nun seid ihr aber platt, was?“

Das sind wir wirklich. Wir starren sie verblüfft an und ärgern uns, dass wir nicht selbst darauf gekommen sind.

„Klar, Su hat recht“, ruft Flo begeistert. „Die Post hat nur gelbe Autos.“

„Der Lastwagen ist also höchst verdächtig“, fasst Bastian zusammen, „erstens ist er nicht gelb, und zweitens fängt ein Nummernschild nicht mit BN an. Was folgert ihr daraus?“

„Dass Knollennase nur vorgibt, von der Post zu sein, um Einblick in die Häuser zu bekommen. Er ist also mit größter Wahrscheinlichkeit der Möbeldieb“, rufe ich erregt.

„Gleich morgen früh werde ich meinem Vater alles berichten.“

„Das finde ich auch am besten“, stimmt Heike zu, „heute können wir sowieso nichts mehr unternehmen. Knollennase ist ja mit dem Lkw weggefahren. So, wer kommt mit in mein Zimmer? Ich will endlich nach Husch sehen.“

Husch liegt im Schlafhäuschen seines geräumigen Käfigs. Dort hat er sich aus Stoffresten, weichem Papier und Heu ein molliges Nest gebaut.

„Oh“, sagt Flo enttäuscht, „Husch ist nicht zu sehen, er schläft wohl.“

„Der wird gleich munter, wenn er mich hört“, lacht

Heike. Wir beugen uns über den Käfig. Lange brauchen wir nicht zu warten. Plötzlich schiebt sich eine winzige, rosa, schnuppernde Nase aus dem Nest. Zwei schwarze, runde Knopfäuglein folgen, und dann kommt der ganze Hamster zum Vorschein. Heike hält ihre Hand in den Käfig. Wie der Blitz klettert Husch an ihrem Arm hinauf und bleibt auf ihrer Schulter sitzen. Flo streicht ihm behutsam mit dem Zeigefinger über das goldbraune, weiche Fell. Da schrillt unten in der Diele das Telefon.

„Ich geh ran", ruft Heiko und saust die Treppe hinunter.

„Große Neuigkeit", schreit er kurz darauf. Mit neugierigen Gesichtern finden wir uns alle auf dem Treppenabsatz ein.

„Was ist los? Wer war am Telefon?"

„Kuddels Tochter hat eben angerufen. Stellt euch vor, Kuddel hat die Dachrinne gereinigt, und als er die Leiter hinunterklettern wollte, ist er abgerutscht und hat sich den Knöchel verstaucht."

„Kann er jetzt nicht kommen?", fragt Heike.

„Natürlich nicht. Er kann mit dem Fuß nicht auftreten.

Kuders Tochter hat gefragt, on wir allein fertig werden oder ob sie heute Abend herüberkommen soll."

„Du hast doch hoffentlich gesagt, dass wir es allein schaffen, Heike?"

„Na klar. Ich habe ihr gesagt, dass hier alles okay ist und dass Sabine und Bastian auch hier schlafen."

„Toll", freut sich Su und macht einen Luftsprung, „ich finde es zwar traurig, dass der arme alte Kuddel sich den Knöchel verstaucht hat, aber toll ist es doch, dass wir heute Nacht allein auf der Insel sind. Das wird bestimmt spannend."

„Wieso?“, frage ich erstaunt. „Heiko hat nur Bastian und mich gemeint. Flo und du, ihr bleibt zu Hause in Diekhusen, das ist doch sonnenklar.“

Damit komme ich aber bei meiner kleinen Schwester schlecht an. Sie ballt die Fäuste und setzt ihr zu allem entschlossenes, kampfbereites Gesicht auf. „Wenn ihr Flo und mich nicht dabeihaben wollt, sage ich Mama, dass Kuddel sich den Knöchel verstaucht hat und dass ihr heute Nacht allein auf dem Bananensand seid. Dann dürfen Bastian und Sabine bestimmt auch nicht hier schlafen.“

„Wehe, wenn du petzt“, droht Bastian wütend, „dann kann uns passieren, dass mein Vater herüberkommt und womöglich noch hier pennt.“

Voller Zorn starre ich meine Schwester an. So ein kleines Biest, erst acht Jahre alt, und trotzdem weiß sie schon genau, wie sie uns erpressen kann.

Heike und ich sehen uns an. Da ist nichts zu machen. Entweder wir lassen Su und Flo auch hier schlafen, oder meine kleine Schwester bringt es fertig und holt einen von den Erwachsenen als Aufpasser herüber. Kuddel wäre ja noch gegangen, der kümmert sich wenigstens nicht darum, wann wir schlafen gehen, aber Bastians Vater würde uns garantiert um zehn Uhr zu Bett scheuchen.

Heike muss plötzlich lachen. „Von mir aus können Flo und Su auch hier auf dem Hof bleiben. Platz genug ist ja vorhanden. Aber ihr müsst noch eure Schlafsäcke und Luftmatratzen holen.“

Bastian greift zum Telefon und wählt die Nummer des Cafés. Er fragt seine Mutter, ob er bei Hansens übernachten darf. Den Zeitpunkt hätte er gar nicht günstiger wählen können. Das Café ist voller Gäste, die alle auf Kaffee und Kuchen warten. Tante Almut hat alle Hände voll zu tun und keine Zeit, lange zu diskutieren. So erlaubt sie es sofort. Sie fragt auch gleich meine Mutter, die ihr beim Bedienen der Gäste hilft. Auch Mama stimmt zu, dass Su und ich bei Heike schlafen dürfen. Sie kann ja nicht ahnen, dass

wir ganz allein auf dem Hof sind, sonst hätte sie bestimmt nicht so schnell ihre Erlaubnis gegeben. Sogar Flo darf über Nacht bleiben, weil Su es auch darf. Su und Flo strahlen. „Am besten, ich gehe erst gar nicht mehr nach Hause“, meint Flo, „wenn meine Mutter mich sieht, überlegt sie es sich womöglich noch anders. Sabine, bringst du meinen Schlafsack mit?“

„Klar“, verspreche ich.

„Heike, es genügt ja, wenn du mit Sabine nach Diekhusen segelst und alles besorgst“, schlägt Heiko vor. „Bastian und ich holen inzwischen die Kühe von der Weide.“

„Oh ja“, freut sich Su, „Flo und ich helfen euch dabei.“ So kommt es, dass Heike und ich allein mit der

Jolle nach Diekhusen segeln. Wir holen die Schlafsäcke und schauen kurz ins Café hinein, wo zum Glück noch Hochbetrieb herrscht, sodass Mama keine Zeit für viele Fragen hat, und uns nur kurz tschüs zuruft.

Als wir zur Mole zurückkommen, sitzt Bandit auf einem Poller und maunzt mich klagend an. Ich nehme ihn auf den Arm und setze ihn trotz seines Sträubens ins Boot. Bandit schleicht sofort unter die Ruderbank, wo er sich ganz klein macht und sorgsam aufpasst, dass ihn nur ja kein Gischtspritzer trifft.

Wohlbehalten langen wir wieder auf der Insel an. Bandit läuft schleunigst zum Bauernhof. Den Weg kennt er genau. Nur um Wotans Zwinger macht er einen Riesenbogen. Dem Schäferhund kommt er lieber nicht zu nahe.

Heiko und Bastian haben inzwischen die Melkmaschine angestellt und die Kühe gemolken. Die frische Milch wartet jetzt im Kühlraum. In aller Herrgottsfrühe müssen wir morgen die Milchkannen nach Diekhusen bringen, damit der Milchwagen die Milch zur Molkerei mitnehmen kann.

„So“, sagt Heiko und reibt sich befriedigt die Hände, „jetzt habe ich einen Bärenhunger. Was haltet ihr von Abendessen?“

Geisterstunde

Heiko bindet sich ein Geschirrtuch um und hantiert mit zwei riesigen Pfannen, in denen für jeden von uns zwei Spiegeleier brutzeln. Bastian schneidet

Brot ab. Heike holt Wurst und Schinken aus dem Kühlschrank. Ich stelle Bandit einen Karton Katzenkekse hin. Er bedient sich selbst, indem er mit der Pfote durch die Öffnung langt und einen Keks nach dem anderen herauszieht.

Flo und Su decken mit viel Geklapper den Tisch. Husch hockt zwischen den Tellern und Gläsern und verspeist zwei Erdnüsse, die Flo ihm heimlich zugesteckt hat. Es ist zwar nicht hygienisch, wenn ein Hamster auf dem Tisch sitzt, aber heute darf er das ausnahmsweise mal.

Bandit blinzelt von seinem Kekskarton ab und zu

zu Husch hinauf. Er überlegt wohl, was besser schmeckt, Kekse oder Hamster. Flo passt wie ein Wachhund auf, dass der Kater dem Tisch nicht zu nahe kommt.

„Die Eier sind fertig", ruft Heiko und schwenkt die Pfanne. „Reicht mir mal die Teller."

Bald sitzen wir alle um den großen Tisch und lassen uns die Spiegeleier mit Schinken und Ketchup schmecken. Dazu trinken wir Limo.

„Das hast du toll gemacht, Heiko." Flo reibt sich zufrieden seinen kleinen runden Bauch.

„Echt super", lobt auch Bastian.

„Du solltest Koch werden", schlägt Su vor.

Heiko verzieht das Gesicht. „Jeden Tag mag ich auch nicht hinter dem Herd stehen. Ich werde Bauer oder Kapitän oder vielleicht auch beides."

Es wird bereits dämmerig in der Küche. Heike knipst die Lampe an, damit wir mit der Gabel unseren Mund finden.

„Wir müssen noch nachsehen, ob alle Fenster und Türen gut verschlossen sind", erinnere ich und schiebe das letzte Stück Schinken in den Mund.

„Warum?" Heiko sieht mich erstaunt an. „Nachts verirrt sich niemand auf den Bananensand."

„Man kann nie wissen", flüstere ich geheimnisvoll. „Was ist, wenn ausgerechnet heute Nacht die Möbeldiebe auftauchen?"

Flo lässt die Gabel sinken. „Meinst du wirklich, Sabine?", fragt er ängstlich und schaut sich vorsichtig um.

Hinter dem Küchenfenster ist es dunkel geworden. Heike steht auf und zieht die geblümten Gardinen zu. Sofort ist es in der Küche freundlicher und gemütlicher. Die schwarze Nacht bleibt draußen.

„Quatsch“, sagt sie energisch. „Sabine wittert überall einen neuen Fall. So einfach ist es für Diebe gar nicht, auf unsere Insel zu kommen. Erst mal müssen sie ein Boot haben.“

„Knollennase hat sich ein Boot geliehen“, erinnert Su.

„Der wird doch nicht nachts von Glückstadt hierherfahren, um unsere Möbel zu stehlen.“ Heike versucht zu lachen. „Er weiß ja nicht, dass unsere Eltern weggefahren sind. Außerdem ist Wotan hier, der macht Lärm genug, wenn ein Fremder sich dem Hof nähert.“

Trotzdem machen Heiko und Bastian nach dem Essen einen Rundgang über den Hof und durch den Stall und schließen alle Türen gut ab.

Wir anderen räumen inzwischen die Küche auf und treffen uns dann in der Diele. Su und Flo betrachten die alte Bauerntruhe, und die Standuhr, die gerade achtmal dumpf schlägt.

„Ich weiß nicht, was manche Leute an so altem Zeug finden“, meint Su stirnrunzelnd und hält sich die Nase zu. „Alte Möbel riechen immer so muffig.“

Heike öffnet die Tür zu einem kleinen Zimmer. Hier hat sich Bauer Hansen ein Büro eingerichtet, und hier steht auch der uralte Schreibsekretär.

„Ganz schön schwer“, ächzt Bastian. Obwohl er all seine Kräfte anspannt, kann er den Schreibtisch keinen Zentimeter von der Stelle bewegen.

„Der ist aus Eiche“, grinst Heiko. „Mein Vater benutzt ihn nicht zum Schreiben. Er steht hier nur rum als Erinnerungsstück an meinen Ururgroßvater. Seht ihr, die Schubladen klemmen alle.“

Vergeblich bemüht sich Heiko, eine der Schubladen herauszuziehen.

„Ach, lasst doch das alte Ding", ruft Heike, „kommt, wir bauen unsere Betten."

Wir laufen nach oben. Flo und Bastian verschwinden in Heikos Zimmer, wo sie mit viel Lärm ihre Luftmatratzen aufpumpen.

„Su, du kannst ja im Gästezimmer schlafen", schlägt Heike vor. „Das Bett ist frisch bezogen. Es steht sowieso leer, weil Kuddel nicht kommt."

Zu meiner Erleichterung ist Su einverstanden. So sind Heike und ich wenigstens ungestört. Ich schiebe die Gardine in Heikes Zimmer beiseite und blicke aus dem Fenster. Der Deich von Diekhusen hebt sich schwarz gegen den etwas helleren Himmel ab. Die Fenster des Cafés sind hell erleuchtet. Tante Almut hat also noch Gäste. Um diese Zeit haben die Segler in ihren Campingwagen zu Abend gegessen und treffen sich noch zu einem Glas Bier bei Tante Almut. Aus dem Giebelfenster im Haus nebenan fällt kein Lichtschimmer. Mama hilft wohl noch im Café, und Papa hat Nachtdienst auf dem Zollkreuzer. Vielleicht befindet sich die Glückstadt ganz in der Nähe des Bananensandes.

Ich schließe fröstelnd das Fenster und ziehe die Gardine zu. Die Nächte sind schon empfindlich kalt.

Heike hat inzwischen meinen Schlafsack auf der Luftmatratze ausgebreitet. Sie setzt Husch in seinen Käfig. Husch ist jetzt putzmunter. Er ist ja ein Nachttier und wird erst richtig wach, wenn wir zu Bett gehen. Der Hamster klettert in sein Laufrad und rast wie ein Verrückter los, als wolle er noch heute Nacht bis zum Meer rennen.

Es kratzt an der Tür. Als ich öffne, sitzt Bandit davor und maunzt kläglich. „Willst du reinkommen,

Bandit?“
Aber das möchte Bandit nicht. Er rennt die Treppe hinunter, kratzt an der Haustür und sieht mich bittend an.
„Was hat er denn?“, ruft Heike.
„Er will nach draußen“, antworte ich, „er stromert oft nachts draußen umher. Am besten, ich lasse ihn hinaus, sonst gibt er die ganze Nacht keine Ruhe.“
Ich öffne die Tür einen Spaltbreit. Bandit huscht hinaus und verschwindet in der Dunkelheit. Brr, schleunigst schließe ich die Tür wieder. Draußen ist es ungemütlich kalt. An Bandits Stelle wäre ich lieber im Haus geblieben. Heike und ich schauen bei den Jungen herein. Die drei toben ausgelassen auf den Luftmatratzen herum. Plötzlich erstarren wir mitten im Gelächter. Draußen, auf dem Gang, erschallt eine schaurige Stimme. „Huaaah! Huaaah!“
Im ersten Moment halte ich erschrocken den Atem an. Doch dann grinse ich Heike erleichtert zu. Die Stimme ähnelt Sus.
Plötzlich öffnet sich die Türe, und herein schwebt eine weiße Gestalt.
„Huaaah“, heult sie und schwebt auf Flo zu, der sich schreckensbleich hinter Bastian verkriecht.
„Ich bin die bleiche Dorian und hole mir den Florian.“
Zwei weiße Arme greifen nach Florian, der entsetzt aufschreit. Da wirft Su das Betttuch ab und ruft entrüstet:
„Angsthase, ich bin's doch nur.“
„Mensch“, stammelt Flo käseweiß um die Nase, „du sahst richtig wie ein Gespenst aus, als du mit flatternden Armen auf mich zugeschwebt bist.“
Su macht ein erfreutes Gesicht. Sie ist mit der Wir-

kung ihres Auftritts sehr zufrieden. „Wollen wir Gespenst spielen?“

„O ja!“ Ihr Vorschlag wird begeistert angenommen. Wir hängen uns je ein weißes Laken um und huschen, schaurig heulend, im ganzen Haus umher. Natürlich knipsen wir alle Lichter aus. Nur in der Diele lassen wir eine kleine Lampe brennen. Das ist richtig unheimlich. Als die Standuhr in der Ecke zwölfmal dumpf schlägt, sind wir vom vielen Hin- und Herrennen total erschöpft.

„Wir gehen besser schlafen“, gähnt Heike und wirft ihr weißes Gewand ab.

„Ausgerechnet jetzt? Jetzt fängt die Geisterstunde doch erst an“, empört sich Su. Sie tut, als ob sie noch hellwach wäre, dabei kann sie die Augen kaum noch offenhalten.

„Um vier Uhr müssen wir aufstehen und die Milchkannen nach Diekhusen bringen“, erinnert Heiko.

„Mensch, nur vier Stunden Schlaf“, stöhnt Bastian. „Ich werde garantiert nicht wach.“

Heiko sammelt sämtliche Wecker ein, die er im Haus finden kann, und stellt sie vor sein Bett. „Das werden wir hoffentlich hören“, gähnt er. „Gute Nacht.“

„Und wenn heute Nacht Einbrecher kommen?“, fragt Flo ängstlich.

„Ach was“, meint Heiko sorglos. „Oder soll ich Wotan aus dem Zwinger lassen? Dann wagt sich garantiert kein Mensch auf die Insel.“

„Das geht nicht“, wende ich erschrocken ein, „Bandit stromert draußen umher. Das gibt ein Drama, wenn die zwei aufeinanderstoßen.“

„Ist ja auch egal“, brummt Heiko, „die Nacht ist sowieso gleich vorbei. So spät sind keine Einbrecher mehr unterwegs. Mir langt's; ich verzieh mich jetzt in die Falle."

„Ich auch", nickt Bastian.

Flo hüpft hinter den beiden her. Su verschwindet, ohne sich zu waschen oder Zähne zu putzen, im Gästezimmer. Als ich aus dem Bad komme, schaue ich kurz bei ihr herein. Sie liegt auf der Seite, die Decke bis an die Ohren gezogen, und schläft fest.

Ich knipse das Licht in der Diele aus und husche in Heikes Zimmer. Heike liegt bereits in ihrem pinkfarbenen Pyjama im Bett.

„Hoffentlich stört dich Husch nicht", gähnt sie, „er rennt die ganze Nacht in seinem Laufrad herum.

„Husch stört mich bestimmt nicht", beruhige ich sie, „ich bin zum Umfallen müde."

Bevor ich in meinen Schlafsack krieche, blicke ich noch einmal aus dem Fenster. Das mache ich zu Hause vor dem Schlafengehen auch immer.

Hinter dem Deich ist alles schwarz. Die Lichter im Café sind erloschen. Nur die Hafenlaterne am Ende der Mole leuchtet einsam in der Nacht.

Ich knipse das Licht aus, kuschele mich in meinen molligen Schlafsack und bin im nächsten Moment eingeschlafen.

Geräusche in der Nacht

Die Standuhr unten in der Diele schlägt zwölfmal dumpf. Mit dem letzten Schlag fliegt plötzlich das Fenster auf, und ein Gespenst nach dem anderen flattert ins Zimmer. Ihr schauriges Geheul wird immer lauter. Ich halte mir die Ohren zu, aber es nutzt nichts. Der Lärm dringt hindurch, hört sich fast wie

Bellen an. Wie Hundegebell!

Ich fahre im Schlafsack hoch. Einen Augenblick muss ich mich erst besinnen, wo ich bin. Zum Glück sind in Heikes Zimmer keine Gespenster. Erleichtert puste ich die Luft aus. Das kommt davon, wenn man nachts vor dem Schlafen gehen Gespenst spielt. Kein Wunder, dass man anschließend schlecht träumt.

Durch die Gardine dringt blasses Mondlicht. Ein Streifen fällt auf Heikes Gesicht, die im Bett liegt und tief und ruhig atmet. Husch rumort in seinem Käfig. Bestimmt war er es, der mich geweckt hat. Beruhigt kuschele ich mich wieder ein. Aber da fängt der Lärm erneut an. Wotan bellt laut und wütend. Ich schlüpfe aus dem Schlafsack und rüttele Heike wach.

„Was ist los?“, lallt sie schlaftrunken.

„Irgendetwas stimmt nicht. Wotan bellt.“

Heike richtet sich hellwach im Bett auf. Sie lauscht auf das zornige Gebell. „Da muss jemand auf dem Hof sein“, flüstert sie erschrocken, „sonst würde Wotan nicht bellen.“

„Vielleicht schleicht Bandit vor seinem Zwinger herum.“

„Ich weiß nicht. Lass uns lieber die Jungen wecken.“ Heike springt mit beiden Füßen zugleich aus dem Bett, holt Husch aus seinem Käfig und schiebt ihn unter ihre Pyjamajacke.

Barfuß huschen wir über die Flickenteppiche zum Zimmer der Jungen. Heike knipst das Licht an. Die drei Jungen schlafen tief und fest. Nicht einmal ein Erdbeben wäre imstande, sie aufzuwecken. Heikos Kopf hängt aus dem Bett, direkt über den drei Weckern, die ihm laut in die Ohren ticken. Von Bastian gucken nur die kurzen Stoppelhaare und die abstehenden Ohren aus dem Schlafsack. Und von Flo ist überhaupt nichts zu sehen. Er ist vollständig im Schlafsack verschwunden.

Heike rüttelt ihren Bruder unsanft an den Schultern, und ich rüttele Bastian. Das ist vielleicht anstrengend, die wach zukriegen, schlimmer als eine Stunde Unkraut jäten.

„Spinnt ihr?“, motzt Heiko, als er endlich die Augen öffnet und mit irrem Blick auf die drei Wecker starrt. „Es ist doch erst halb eins.“

„Habt ihr schlecht geträumt?“, knurrt Bastian unfreundlich.

„Hört doch nur“, flüstert Heike erregt. „Wotan bellt so wütend. Da muss jemand auf unserem Hof sein.“

Jetzt hören die Jungen es auch. Nur Flo schläft seelenruhig weiter.

Heiko springt aus dem Bett und knipst seine Taschenlampe an. „Psst, ich sehe mal nach.“

Er öffnet die Tür und schleicht in den Flur. Bastian, Heike und ich folgen ihm auf Zehenspitzen. Nicht nur vor Kälte zitternd, beugen wir uns lauschend über das Treppengeländer.

Unter uns, in der großen Diele, ist es stockdunkel. Das Ticken der Standuhr dringt gleichmäßig zu uns herauf. Aber da sind noch andere Geräusche. Als Wotan einen Moment zu bellen aufhört, vernehmen wir ganz deutlich einen kratzenden Laut an der Haustür.

„Mensch“, wispert Heiko erregt, „da macht sich jemand an der Haustür zu schaffen.“

„Ob das Einbrecher sind?“, fragt Heike stockend.

Ich streiche mir meine Ponyfransen aus der Stirn. „Vielleicht ist das Knollennase. Er will eure Möbel klauen.“

„Glaube ich nicht“, meint Bastian, „der muss doch damit rechnen, dass auf dem Hof Leute sind, und bei dem Lärm, den Wotan macht, wird doch jeder wach. Wetten, es ist nur Bandit, der hinein will.“

„Ja“, nickte Heike erleichtert, „es ist ihm wohl zu kalt geworden.“

Schon bin ich die Hälfte der Treppenstufen hinunter geeilt, um Bandit die Haustür zu öffnen, als ich erschrocken kehrtmache.

„Hört mal, ich fürchte, es ist doch Knollennase. Er muss annehmen, dass heute Nacht niemand hier ist. Heike, als deine Mutter ins Boot stieg, sagte sie doch, dass sie
Knollennase erzählt habe, dass sie heute wegfahren wollten.“

„Ja, das stimmt“, stottert Heike entsetzt, „ich erinnere mich, dass Mama so etwas gesagt hat. Jetzt nimmt der Kerl an, dass er sturmfreie Bude hat, weil niemand zu Hause ist.“

„Mensch, wir waren vielleicht Idioten“, wispert Bastian, „wieso haben wir daran nicht gedacht?“

„Wartet“, flüstert Heiko, zu allem entschlossen, „ich renne rasch in die Diele und rufe die Polizei an.“

„110“, ruft Bastian ihm leise die Telefonnummer nach.

Aber Heiko ist erst zwei Stufen hinabgeeilt, als ein knarrendes Geräusch ertönt. Zu unserem Entsetzen öffnet sich die Haustür. Heiko bleibt wie angewurzelt stehen, doch dann ist er mit zwei Sätzen wieder bei uns, gerade noch rechtzeitig, denn unten geht plötzlich das Licht an.

Wir werfen uns platt auf die Dielen und lugen vorsichtig durch das Geländer. Unten, im Lichtschein der Lampe, steht Knollennase. Er blickt sich kurz um. Schon denke ich erschrocken, dass er uns gesehen hat. Aber zum Glück täusche ich mich. Wir befinden uns hinter dem Geländer völlig im Dunkeln.

Knollennase nimmt die Schirmmütze ab, streicht sich über den Kopf und setzt die Mütze wieder auf.

Kannst ruhig reinkommen, Klaus", hören wir seine Stimme, „wir haben Zeit genug. Die Vögel sind ausgeflogen."

Jetzt taucht die jüngere Ausgabe von Knollennase in der Diele auf. Er späht unsicher nach allen Richtungen. Ganz geheuer scheint es ihm nicht zu sein. „Wenn nur der verdammte Köter das Maul halten würde", sagt er nervös.

„Lass ihn doch bellen. Hier auf der Insel hört ihn ja keiner, und in seinem Zwinger kann er uns nicht gefährlich werden. Meine heimliche Sorge war, dass er frei herumlaufen würde. Dann hätten wir unser Unternehmen abblasen müssen. Los, komm nach nebenan. Da steht ein wundervoller Schreibsekretär, der wird uns ein Vermögen einbringen."

Die beiden verschwinden in dem kleinen Büro.

„Bastian", flüstere ich meinem Vetter ins Ohr, „ich erkenne die Stimme von Knollennase wieder. Es ist die gleiche Stimme, die ich abends an der alten Mühle gehört habe. Knollennase ist also tatsächlich der Dieb gewesen."

Bastian nickt aufgeregt. „Ich erkenne sie auch wieder. Dieser gemeine Typ!"

Heiko ballt wütend die Fäuste. „Die wollen echt unseren Schreibtisch klauen. So ein Mist, dass Wotan nicht frei herumläuft."

Ja, leider, aber das hilft nun nichts mehr. Wotan

kläfft zwar wütend in seinem Zwinger, aber er kann nicht hinaus, um die Diebe zu fassen.

„Wenn wir nur an das Telefon herankämen", schnauft Bastian ärgerlich, „zu dumm, dass der Apparat ausgerechnet unten in der Diele steht."

„Soll ich rasch runterhuschen?" hauche ich. „Sie sind ja jetzt im Büro."

„Das ist zu gefährlich, vielleicht sind sie ja bewaffnet", entscheidet Heike, „wir warten, bis sie fort sind, dann rufen wir die Polizei an."

„Bis die Polizei dann erscheint, sind die Typen mit Ururgroßvaters Schreibtisch über alle Berge", murrt Heiko.

Während ich noch überlege, ob ich es nicht doch wagen könnte, rasch zu dem verlockend neben der Truhe stehen den Telefon hinunterzuschleichen, huscht plötzlich ein Schatten an uns vorbei.

Als wir uns von unserer Verblüffung erholt haben, sehen wir, dass es Su in ihrem rosa Pyjama ist.

„Su, komm zurück", zische ich entsetzt. Jeden Augenblick können Knollennase oder der andere Typ wieder auftauchen und sie entdecken.

Aber Su hört nicht. Voller Angst renne ich hinter ihr her, die Treppe hinunter.

Su langt gerade zum Telefonhörer, da lässt uns ein Geräusch an der Bürotür zusammenzucken. Meine kleine Schwester verschwindet blitzschnell wie ein Wiesel durch die noch offenstehende Haustür nach draußen. Für mich ist jede Flucht zu spät. Wie erstarrt stehe ich auf der untersten Treppenstufe, als Knollennase in der Diele erscheint.

Ich weiß nicht, wer entsetzter dreinblickt, Knollennase oder ich. Einige Sekunden starren wir uns wie hypnotisiert an, dann kommt Bewegung in den Dicken. So flink, wie ich ihm das gar nicht zugetraut hätte, macht er einen Satz auf mich zu und packt mich am Arm.

„Verdammt", knirscht er wütend, „wie kommst du denn hierher?" Dasselbe müsste ich ihn ja eigentlich fragen, aber ich bin zu erschrocken, um den Mund aufzumachen.

„Wo bleibst du denn, Vater? Hilf mir mal, den Schreibtisch..." Die letzten Worte bleiben dem jüngeren Typen im Hals stecken, als er mich sieht.

„Was – was ist das denn?", stottert er erschrocken.

„Ein Mädchen, das siehst du doch", schnauft der Dicke ärgerlich.

„Aber – aber, du hast doch gesagt, dass heute Nacht niemand auf dem Hof ist."

„Ich habe angenommen, dass niemand hier ist, weil die Bäuerin erzählt hat, dass sie mit ihrem Mann wegfährt."

„Vielleicht sind die Alten auch hier. Nichts, wie weg!" Der jüngere Typ eilt mit langen Schritten zur Haustür.

„Hiergeblieben", zischt Knollennase wütend, „mach die Tür zu. Die Alten sind fort, sonst läge ihr Boot am Steg."

„Aber am Steg lag doch ein kleines Segelboot."

„Das habe ich in der Finsternis gar nicht bemerkt. Wieviel Kinder sind noch hier?" herrscht Knollennase mich an.

„Ich bin allein", sage ich einigermaßen gefasst.

Der Dicke lacht höhnisch. „Das kannst du mir nicht weismachen. Du wohnst doch gar nicht auf der Insel, sondern in Diekhusen. Ich kann mich noch genau an dich und deine kleine Schwester erinnern, die so nett war und mir den Tipp mit der Mühle und dem Hof hier gegeben hat.“

„Das war ein ganz gemeiner Trick von Ihnen, sich einfach als Postbeamter auszugeben und dabei alle Leute nach alten Möbeln auszufragen.“ Meine Angst ist verflogen. Ich bin jetzt nur noch empört.

Knollennase hört gar nicht auf mich. Lauernd blickt er die Treppe hinauf: „Klaus, du gehst voran und siehst nach, ob sich noch jemand in den Zimmern befindet.

Zwar sind die Freunde hinter dem Geländer verschwunden, aber Klaus, der sämtliche Zimmer durchsucht, findet Heike neben Flo am Boden kauernd. Flo ist eben erst aufgewacht und reibt sich verdutzt die Augen. Heiko und Bastian sind nirgends zu

sehen, wie ich voller Freude feststelle. Es ist ihnen also gelungen, sich zu verstecken.
Knollennase gibt mir einen Stoß in den Rücken, dass ich gegen Heike taumele. Dann nimmt er den Zimmerschlüssel. Wir hören, wie er von außen die Tür abschließt und zu seinem Sohn sagt: „Hier, wirf den Schlüssel draußen fort, und hol rasch die Karre herein, damit wir die Möbel aufladen können. Der Boden wird mir hier langsam zu heiß unter den Füßen."

Bandit als Retter

„Mist", sagt Heike laut und deutlich, als sich die Schritte der beiden auf der Treppe entfernen, „nun sind wir auch noch eingesperrt."
„Halb so schlimm", tröste ich Heike, „Bastian und Heiko sind zum Glück entwischt. Ich möchte nur wissen, wo sie sich versteckt haben, weil der Typ sie nicht gefunden hat."
„Das kann ich dir zeigen", sagt Heike trocken.
Sie steht auf und reißt beide Türen des Kleiderschranks auf. Zwischen T-Shirt, Jeans und Unterwäsche hocken Heiko und Bastian und machen ziemlich bedepperte Gesichter.
„Das gibt's doch nicht", stöhne ich verzweifelt, „ausgerechnet hier müsst ihr euch verstecken!"
„Konnten wir vielleicht ahnen, dass Knollennase das Zimmer abschließt?" Mürrisch klettern Heiko und Bastian aus dem Schrank.
„Nun ist alles verloren", seufze ich. „Hoffentlich lässt Su sich wenigstens nicht erwischen."
„Wo ist Su denn?", fragt Flo erschrocken.

„Draußen“, murmele ich unbestimmt.

„Die Arme“, sagt Flo mitleidig, „sie muss ganz schön Angst haben, allein, draußen im Dunkeln.“ Wir legen unsere Ohren an die Tür und lauschen angespannt. Von unten dringen schwere Schritte herauf, und dann knallt plötzlich die Haustür zu. Im selben Moment fängt Wotan wie verrückt zu bellen an.

Heike rennt zum Fenster und reißt es auf. Außer Wotans Gebell hören wir nichts. Sehen können wir auch nichts. Der Mond hat sich hinter den Wolken versteckt, draußen ist es stockfinster.

Plötzlich fasst Flo mich am Arm. „Sabine, ein Licht.“

Tatsächlich geistert ein schwacher Lichtschein zwischen den Bäumen hindurch. Er entfernt sich immer weiter in Richtung Anlegesteg.

Heiko und Bastian, die gerade in ihre Trainingsanzüge schlüpfen, drängen uns beiseite.

„Da ziehen die Diebe mit Ururgroßvaters Schreibtisch davon.“ Heiko knirscht mit den Zähnen. „Wir sind hier eingesperrt und können nicht mal die Polizei anrufen.“

Mir wird kalt am offenen Fenster. Ich ziehe einen von Heikos Rollkragenpullovern und eine Jeans über meinen Pyjama. „Wo Su nur steckt?“, sorge ich mich.

„Hallo, seid ihr da oben?“, hören wir da ihre helle Stimme unter uns im Garten.

Mit einem Sprung bin ich am Fenster und beuge mich hinaus.

„Su, bist du okay?“

„Ja, aber nicht mehr lange, dann bin ich erfroren. Macht mir mal die Haustür auf.“

„Wir können nicht aufmachen, Su“, rufe ich verzweifelt hinunter.

„Warum nicht? Knollennase und der andere Typ sind auf und davon."

„Knollennase hat uns in Heikos Zimmer eingesperrt und den Schlüssel draußen weggeworfen."

„Ist es dieser hier?" Su hält irgendetwas in ihrer ausgestreckten Hand, was ich im Mondlicht nicht erkennen kann.

„Der lag vor der Haustür."

„Su, du bist ein Goldkind", ruft Bastian entzückt, „wir lassen eine Schnur hinunter, und du bindest den Schlüssel daran. Kapiert?"

„Bin ja nicht doof. Beeilt euch, mir ist eiskalt."

Heiko nestelt in Windeseile eine Rolle Bindfaden aus der Schreibtischschublade und wirft das eine Ende aus dem Fenster.

„Es langt nicht", kommt Sus bibbernde Stimme von unten, „die Schnur reicht nur bis zur Dachrinne." Enttäuscht sehen wir uns an. Was nun?

„Hört mal her", ruft Su, „ich habe eine Idee. Bandit sitzt hier neben mir. Wenn ihr die Rolle Bindfaden runterwerft, binde ich ihm den Schlüssel um den Hals, und er kann zu euch aufs Dach klettern."

Bastian zweifelt an den Fähigkeiten meines Katers. Das sehe ich seiner Miene deutlich an. Aber da er keine andere Möglichkeit sieht, an den Zimmerschlüssel zu kommen, wirft er die Rolle in den Garten hinunter.

„Ich habe sie", kommt Sus Stimme von unten, „so, fertig. Sabine, ruf Bandit."

Ich beuge mich weit aus dem Fenster. „Bandit, komm her zu mir", locke ich ihn, „du bekommst auch so viel Kekse, wie du fressen kannst."

„Er will nicht", klagt Su.

„Hab ich mir doch gleich gedacht. Bandit ist viel zu dämlich“, spottet Bastian.

Da tritt der Mond voll hinter einer Wolke hervor. Wir können Sus kleines Gesicht unten im Garten erkennen, das im Mondlicht ganz weiß aussieht.

Heike stößt mich an. „Ich weiß, wie wir den Kater heraufl ocken können.“ Sie zieht Husch unter ihrer Pyjamajacke hervor und setzt ihn vor das Fenster auf das mondbeschienene Reetdach. Husch richtet sich verwundert auf den Hinterpfötchen auf.

„Achtung“, ruft Su unter uns, „Bandit kommt. Er hat den Hamster gesehen.“

Bandit klettert flink wie ein Eichhörnchen an dem Bretterstapel hoch, der an der Hauswand lehnt, und jagt mit Riesensätzen über das breite Dach.

„Pass auf, Heike, sonst fängt er Husch." Flo zappelt vor Aufregung mit Händen und Füßen. Als Bandit nur noch wenige Zentimeter von Husch entfernt ist, ergreift Heike blitzschnell den Hamster und steckt ihn unter ihre schützende Pyjamajacke. Der leckere Braten verschwindet vor Bandits Auge im Fenster. Enttäuscht bleibt der Kater stehen. Bevor er uns wieder entwischen kann, packe ich ihn rasch am Nackenfell und ziehe ihn ins Zimmer. Bandit maunzt ärgerlich, während ich den Schlüssel von seinem Hals nestele.

Heiko steckt den Schlüssel ins Schloss, dreht ihn herum und fliegt förmlich die Treppe hinunter zum Telefon.

„Welch ein Glück, dass du Husch vorhin aus dem Käfig genommen hast", sage ich zu Heike, während ich neben ihr die Treppe hinunterlaufe, um Su ins Haus zu lassen.

„Na endlich", brummt Su zitternd. Ihre Zähne klappern richtig.

„Geh nach oben, und hol dir meinen Bademantel", schlägt Heike vor, „der ist schön mollig, da wird dir schnell wieder warm."

„Das wäre alles nicht passiert, wenn du nicht heimlich ans Telefon geschlichen wärst", schimpfe ich meine kleine Schwester aus.

„Pah", macht Su nur und schnippt wegwerfend mit den Fingern, „ich habe mich ja nicht erwischen lassen, aber du."

Ich schweige ärgerlich, weil sie recht hat.

„Was ist nun?" Bastian steht neben Heiko und trommelt ungeduldig mit den Fingern auf der Truhe. „Meldet sich die Polizei immer noch nicht?"

Heiko nimmt den Hörer vom Ohr und schüttelt ihn

ratlos. „Ich verstehe das nicht", murmelt er verstört, „die Leitung ist tot. Nichts rührt sich. Ausgerechnet jetzt ist das Telefon gestört."

„Von wegen gestört", knirscht Bastian. Er zieht an der

Schnur. Zu unserem Entsetzen hält er das Telefonkabel lose in der Hand. „Durchgeschnitten ist es."

„Das war Knollennase", stöhnt Flo mit großen, entsetzten Augen.

Bastian gibt nicht auf

Heiko knallt wütend den Hörer auf die Gabel. „Knollennase hat uns ganz schön reingelegt. Jetzt ist alles aus, wir können nicht mal die Polizei anrufen, und er kann in aller Seelenruhe mit Ururgroßvaters Schreibsekretär entkommen."

„Ja, den Schreibtisch sehen wir wohl nicht mehr wieder", fügt Heike düster hinzu. „Papa wird ganz schön traurig sein, er hängt so an dem alten Möbelstück."

Wir lassen mutlos die Köpfe sinken. „Aber wir haben doch die Nummer von dem grauen Lkw." Hoffnungsvoll blicke ich auf. „Wenn wir die der Polizei morgen mitteilen, wird Knollennase bestimmt gefasst."

„Ich glaube, die Nummer ist falsch, ich hab so'n ungutes Gefühl", seufzt Heiko.

Bastian, der bis jetzt still vor sich hin gegrübelt hat, hebt plötzlich den Kopf. „Nicht aufgeben, Freunde, die Acht vom großen Fluss finden immer einen Weg."

„Aber welchen?“ Flo blickt ratlos in die Runde.

„Warum wollen wir erst morgen die Polizei anrufen?“, fährt Bastian erregt fort. „Das können wir genauso gut jetzt gleich tun.“

Su, die von Kopf bis Fuß in Heikes molligen Bademantel eingewickelt ist, tippt sich an die Stirn. „Wie denn, wenn das Telefon kaputt ist?“

„Wir fahren jetzt mit der Jolle nach Diekhusen und klingeln meine Eltern aus dem Bett“, fährt Bastian unbeirrt fort, „überlegt doch mal. Knollennase und sein Sohn müssen mit dem vollgepackten Boot erst nach Glückstadt fahren, und dort müssen sie die Möbel noch auf den Lkw laden. Das alles nimmt bestimmt viel Zeit in Anspruch.“

„Klar“, stimme ich erfreut zu, „inzwischen können wir von Diekhusen aus die Polizei alarmieren. Dann werden die Möbeldiebe vielleicht doch noch geschnappt, bevor sie sich mit dem Lkw aus dem Staub machen können.“

Heikos finstere Miene hellt sich auf. „Na los, worauf warten wir noch?“

„Es genügt, wenn Heiko und ich rüberfahren“, bestimmt Bastian, „ihr anderen könnt hier in aller Ruhe abwarten, ob es klappt.“

„Ich komme natürlich auch mit“, protestiere ich sofort.

„Okay“, nickt Heike, „dampft ab. Ich bleibe mit Flo und Su hier.“

Flo ist gleich einverstanden. Nur Su mault ein bisschen, aber im Grunde ist sie froh, dass sie nicht wieder in die kalte Nacht hinaus muss. In Heikes molligem Bademantel ist ihr gerade wieder ein wenig warm geworden.

Bastian rennt mit der Taschenlampe voran. Heiko

und ich haben Mühe, mit ihm Schritt zu halten. Ich bereue, dass wir in der Eile keine Schuhe angezogen haben. Die Erde fühlt sich kalt und feucht an, und wenn ich in der Dunkelheit auf einen Ast trete, schmerzt es empfindlich. Aber ich beiße entschlossen die Zähne zusammen und bemühe mich, nicht zurückzubleiben.

Als wir endlich den Steg erreichen, hat Knollennase mit seinem Boot schon längst die Fliege gemacht. Heiko hält lauschend die Hand an sein rechtes Ohr. „Hört ihr auch den Motor? Weit kann er noch nicht sein."

Jetzt hören auch Bastian und ich in der Ferne das schwache Geräusch eines Motors.

„Autsch!", schreit Bastian da. „Ich bin auf einen Stein getreten." Er umklammert seinen linken Fuß und hüpft auf einem Bein über den Steg zur Jolle, wo er sich stöhnend auf die Ruderbank sinken lässt.

Heiko und ich kümmern uns nicht um sein Gejammer. Ich mache die Leinen los, während Heiko den Außenbordmotor anwirft. O Wunder, ausnahmsweise springt er sofort an. Heiko gibt Gas, und die HAI nimmt Kurs auf die Hafenlaterne von Diekhusen.

Ich falle unsanft neben Bastian auf die Ruderbank. „Na nu", wundert er sich, während er mit schmerzverzerrtem Gesicht seinen Fuß betastet. „Ich denke, der Tank ist leer."

„Ich habe gestern Abend in weiser Voraussicht Sprit nachgefüllt", grinst Heiko, „man kann ja nie wissen, ob man nicht plötzlich den Motor braucht."

Aus reiner Gewohnheit nehme ich das Fernglas aus dem Schapp und versuche, zwischen den grünen und roten Leuchttonnen in der Fahrrinne ein Motorboot auszumachen.

„Ich kann Knollennase nirgends entdecken. Er kann mit dem Boot noch nicht weit sein, und ich müsste seine Positionslaterne sehen."
„Heiko, wir haben ja selbst kein Licht gesetzt", erinnert Bastian.
„Wer soll uns denn schon hier, mitten in der Nacht, auf dem Seitenarm der Elbe begegnen?" brummt Heiko.
„Außerdem sind wir gleich drüben."
Ich schwenke das Nachtglas zur Mole von Diekhusen hinüber. Im Schein der Hafenlaterne entdecke ich plötzlich etwas, was mir den Atem stocken lässt.
„Heiko", stammele ich, „vor uns befindet sich noch ein anderes Boot. Es fährt eben in den Hafen ein."

Heiko reißt mir das Fernglas aus der Hand und blickt hindurch. Im nächsten Augenblick stellt er den Motor ab. Die HAI verliert an Fahrt und dümpelt sanft auf den Weilen. In der plötzlich eintretenden Stille hören wir das Tuckern eines Motors vor uns. Plötzlich erstirbt auch dieses Geräusch. Nur das Glucksen der Wellen an der Bootswand der Jolle ist noch zu hören.
„Jetzt hast du die Erklärung dafür, Sabine, warum du Knollennase nicht gesehen hast. Er hat auch kein Licht gesetzt", flüstert Heiko mir zu.
„Er ist gar nicht nach Glückstadt gefahren, wie wir angenommen haben", wispere ich verblüfft, „sondern nach Diekhusen. Auf der Mole kann ich ein schwarzes Viereck sehen. Das muss der Lastwagen sein."
„Hätten wir uns eigentlich denken können", ärgert sich Bastian, „schließlich gibt es in Glückstadt einen Hafenmeister, dem wäre der seltsame nächtliche Möbeltransport bestimmt aufgefallen. Oder er hät-

te auf dem Fluss dem Zollkreuzer oder dem Boot der Wasserschutzpolizei begegnen können. Nach Diekhusen zu fahren ist ungefährlich. Dort schlafen alle.“

„Los, an die Riemen“, zischt Heiko leise. „Um ein Haar wären wir denen direkt in die Arme gefahren.“

„Super, dass du so schnell geschaltet und den Motor abgestellt hast“, lobe ich Heiko, „sonst hätten sie uns jetzt gehört.“

„Bist manchmal gar nicht so dumm“, nickt Bastian, während er das lange Ruder in die Dolle legt.

„Glaubst du, nur du hast die Weisheit mit Löffeln gefressen?“, gibt Heiko dreist zurück. Manchmal kabbeln sich die beiden zu gern.

Wir versinken in Schweigen. Bastian und ich hocken mittschiffs auf der Ruderbank. Wir bemühen uns, möglichst geräuschlos den Riemen oder das Ruder, wie die Landratten sagen, ins Wasser zu tauchen. Heiko steuert auf das Ufer etwas abseits vom Hafen zu.

Wir hören das Rauschen der Weilen, die an den Strand schlagen, und das Rauschen des Schilfs, wenn der Wind durch die Halme streicht.

Knirschend fährt die HAI auf den Sand. Wir springen hinaus und ziehen das Boot mit vereinten Kräften höher auf den Strand.

Ohne ein Wort zu sagen, machen wir uns auf den Weg zum Schilf, das wie eine schwarze, undurchdringliche Wand vor uns aufragt.

Plötzlich schlingt sich zu meinem Entsetzen etwas Kaltes, Rauhes um meinen Hals. Ich denke, mir bleibt das Herz stehen. Erschrocken quieke ich auf.

„Was ist los, Sabine?“ Bastian leuchtet mich mit

der Taschenlampe an. In ihrem Schein sehe ich, dass ich gegen die Strickleiter gelaufen bin, die noch immer von unserem Ausguck herabhängt und im Wind hin und her weht.

„Mensch, ich dachte schon, eine Schlange wickelt sich um meinen Hals.“ Ich versuche zu lachen. Aber es hört sich ein wenig heiser an und gar nicht lustig. Erleichtert befreie ich mich von der Strickleiter. Das war wirklich ein unheimliches Erlebnis.

„Dabei gibt es hier gar keine Schlangen“, spottet Bastian, „du hast vielleicht eine blühende Phantasie.“

„Ich möchte nicht wissen, was du für ein Gesicht machst, wenn sich dir in finsterer Nacht eine Schlinge um den Hals legt“, fahre ich ihn wütend an.

„Psst, nicht so laut“, warnt Heiko, „sonst hört Knollennase uns.“

Ich klappe erschrocken meinen Mund zu und wandere zwischen Bastian und Heiko weiter. So fühle ich mich sicherer. Gut, dass wir keine Schuhe anhaben, der schmale Pfad, der durch das Schilf führt, wird von den Weilen überspült, sodass wir knöcheltief im Wasser waten.

Als wir das Ende des Schilfdickichts erreicht haben, knipst Bastian vorsichtshalber die Taschenlampe aus, damit ihr Schein uns nicht verrät. Behutsam biegen wir die Halme auseinander und lugen zur Mole hinüber.

Die Hafenlaterne beleuchtet eine gespenstische Szene. Zwei Schatten, ein dicker, breiter und ein schmaler, längerer, huschen auf der Mole hin und her. Das müssen Knollennase und sein Sohn sein. Eben wuchten sie einen viereckigen Gegenstand (das muss der Schreibtisch sein) auf eine Karre und rollen ihn zu dem bereitstehenden Lkw hinüber.

„Macht's gut, ich schleiche jetzt nach Hause und rufe die Polizei an.“ Bastian drückt sich seitlich in die Büsche und wird von der Dunkelheit verschluckt.

„Hoffentlich ist die Polizei da, bevor sie mit Aufladen fertig sind“, sorge ich mich.

„Wenn wir sie nur aufhalten könnten“, stöhnt Heiko, „wollen wir uns näher ranschleichen, Sabine?“

Ich kaue unschlüssig auf meiner Unterlippe. Hier im Schilf befinden wir uns in Sicherheit. Vor uns breitet sich bis zur Mole ein schmaler Sandstreifen aus, der nirgendwo Deckung bietet.

Heiko wartet meine Antwort gar nicht ab. Er kriecht bereits wie ein Indianer auf dem Kriegspfad, auf Händen und Knien, über den Strand. Ich folge ihm mit klopfendem Herzen. Hoffentlich schauen die beiden nicht ausgerechnet jetzt in unsere Richtung. Aber die sind zum Glück vollauf damit beschäftigt, den schweren Schreibsekretär in den Lkw zu laden. Ungesehen erreichen wir die Mole, wo wir uns aufatmend hinter den dicken Steinen verbergen.

Voller Ungeduld blicken wir zum Café hinüber. Dort ist alles ruhig und dunkel. Inzwischen müsste Bastian schon längst die Polizei informiert haben.

Heiko zählt neben mir an seinen Fingern. „Fünf, sechs, nein, acht Minuten braucht der Streifenwagen mindestens, bis er hier sein kann.“

Die Männer haben jetzt den Schreibsekretär im Lastwagen verstaut. Sie eilen mit der Karre zum Boot zurück, um die Standuhr zu holen.

Heiko kaut vor Aufregung schneller auf seinem Kaugummi. Immer öfter blicken wir sehnsüchtig zum Deich. Kommt denn nicht endlich ein Streifenwagen durch die Lücke? Die Warterei zerrt wirklich an den Nerven.

Schon laden die Männer die Standuhr auf die Karre.

„Soll ich zum Lastwagen laufen und den Reifen zerstechen?“, fragt Heiko plötzlich. „Mit einem Plattfuß kommen sie nicht weit.“

„Nein.“ Erschrocken halte ich ihn am Ärmel fest. „Das ist zu gefährlich. Die Männer könnten dich sehen, und du weißt nicht, ob sie bewaffnet sind.“

„Dann entkommen sie mit Ururgroßvaters Schreibtisch“, knirscht Heiko.

„Und wenn schon. Besser, der Schreibtisch ist weg, als dass dir was passiert.“

„Geht sowieso nicht“, brummt Heiko. „Bastian hat das Messer in der Hosentasche.“

Ich atme erleichtert auf; wer weiß, ob Heiko seinen Einfall nicht doch noch ausgeführt hätte, und wie leicht hätte ihm dabei etwas passieren können.

Die Männer rollen die Karre mit der Standuhr dicht an uns vorüber. Wenn die wüssten, dass wir nur vier Meter entfernt hinter den Steinen liegen. Wir können sogar ihr Keuchen hören, als sie die Standuhr in den Wagen heben.

„Los, beeil dich, Klaus“, vernehmen wir die Stimme von Knollennase, „ich bin froh, wenn wir hier weg sind.“

„Was geschieht mit dem Boot?“, fragt der jüngere Typ und springt von der Ladefläche.

„Das lassen wir hier liegen. Es ist ja sowieso nur geliehen. Los, komm, steig ein.“

Gerade, als sie die Türen öffnen und Heiko mich so fest in den Arm kneift, dass ich an mich halten muss, um nicht laut aufzuschreien, wird es plötzlich hell an der Lücke im Deich. Ein Auto schiebt sich hindurch und rollt auf die Mole. Auf dem Dach des Wagens dreht sich ein Blaulicht. Jetzt ist dem Lkw der Fluchtweg versperrt. Die Türen fliegen auf, und zwei Polizeibeamte springen heraus.

„Juchhe“, schreit Heiko begeistert, „der Streifenwagen ist da. Sie sind gefasst.“

Aber da irrt Heiko sich gewaltig. Noch schneller als die beiden Polizisten hechten Knollennase und sein Sohn über die Mole zum Motorboot. Ich hätte dem Dicken so eine Behändigkeit gar nicht zugetraut. Der Außenbordmotor heult auf, und das Boot ist in der Finsternis verschwunden. Die beiden Beamten haben das Nachsehen. Sie stecken ihre Pistole ein.

„So ein Mist!“, schreit Heiko und springt auf. „Jetzt entwischen sie doch noch.“

„Aber den Schreibsekretär und die Standuhr haben sie nicht bekommen“, tröste ich Heiko, „die befinden sich hier im Lastwagen.“

Gefasst

Während einer der Polizisten zum Streifenwagen zurückläuft, um über Funk seine Dienststelle zu informieren, stehen wir neben dem anderen Beamten am Molen- Ende und starren in die Finsternis.

„Die haben keine Chance“, sagt der Polizist zu uns, „das Boot der Wasserschutzpolizei muss jeden Moment auftauchen.“

„Da kommt es schon“, jubelt Heiko erfreut und zeigt auf die Positionslichter eines Schiffes, das sich rasch nähert.

„Das ist nicht das Boot der Wasserschutzpolizei“, rufe ich aufgeregt. „Das ist der Zollkreuzer.“

Die weißen Aufbauten des Schiffes schälen sich aus der Dunkelheit. Mein Vater steckt den Kopf aus der Tür des Ruderhauses.

„Können wir helfen?“, fragt er.

Erst jetzt entdeckt er Heiko und mich. Unser Anblick hier auf der Mole, mitten in der Nacht, verblüfft ihn so, dass er eilig an Deck erscheint.

Der Polizeibeamte neben uns deutet aufgeregt auf den Fluss. „Die Täter sind in einem Motorboot entkommen."

„Was habt ihr hier zu suchen?", donnert mein Vater Heiko und mich an.

„Wir haben die Polizei verständigt", rufe ich.

„Können wir an Bord, Käpt'n?", fragt Heiko aufgeregt.

„Sabine und ich wissen, in welche Richtung die beiden getürmt sind."

Ohne ein Wort zu sagen, beugt sich mein Vater über die Reling und streckt seinen Arm aus. Ich umklammere seine Hand und springe auf Deck des Zollkreuzers. Heiko gelangt ebenso hinüber.

Papa ruft dem Mann am Ruder etwas zu. Die Maschinen laufen auf vollen Touren. Der Kreuzer dreht ab und fährt auf den Fluss hinaus.

„Los, auf die Brücke", drängt Papa.

Heiko und ich huschen die wenigen Stufen hinauf. Hinter dem Steuerrad steht Herr Wegener, der uns schon einmal aus der Klemme geholfen hat. Er verdreht in gespieltem Entsetzen die Augen.

„Nein, ihr schon wieder! In was für ein Abenteuer seid ihr jetzt wieder hineingeschlittert?"

„Setzt euch auf die Bank neben dem Kartentisch", fordert Papa uns auf, „dann seid ihr wenigstens niemand im Weg. So, in welche Richtung sind die Täter geflüchtet?"

Heiko springt von der Bank hoch und deutet nach Backbord. „Dorthin. Sie versuchen bestimmt, ans andere Ufer zu gelangen. Dann haben sie noch eine

Chance zu entkommen.“

Inzwischen hat sich die ganze Crew, bestehend aus fünf Männern, die alle dunkelblaue Rollkragenpullover tragen, im Ruderhaus versammelt. Mit starken Nachtgläsern suchen sie den Fluss ab.

„Ich kann kein Boot ausmachen“, brummt Herr Wegener. „Knollennase hat natürlich keine Positionslaterne gesetzt“, ruft Heiko.

Papa lehnt neben uns am Kartentisch und spricht über Funk mit der Wasserschutzpolizei. Sie befinden sich mit ihrem Boot noch zu weit entfernt und bitten meinen Vater, die Verfolgung aufzunehmen.

„Was meint ihr, ob wir Knollennase finden?“, frage ich aufgeregt.

„Klar“, nickt der Zollbeamte, der am Radargerät sitzt.

„Knollennase, wer ist das?“, fragt mein Vater.

„Knollennase ist der Dicke von der Post, der eigentlich gar nicht von der Post ist“, sprudele ich ein wenig durcheinander hervor.

„Nun mal langsam“, unterbricht mich mein Vater, „aus dem Kauderwelsch werde ich nicht klug. Erzählt mal der Reihe nach.“

„Warum habt ihr denn nicht gesagt, dass Kuddel sich den Knöchel verstaucht hat?“, fragt Papa ärgerlich, als wir unseren Bericht beendet haben. „Dann wäre Bastians Vater am Abend hinübergekommen.“

„Wir wollten doch allein sein“, sage ich kleinlaut.

„Ihr seht ja, was dabei herauskommt“, schimpft mein Vater.

„Ulf“, meldet der Mann am Radarschirm, „ich glaube, ich habe ihn.“ Er beugt sich beiseite, damit mein Vater auch hindurchsehen kann. „Ja, das muss er sein.“

„Backbord voraus kann ich ein Boot ausmachen", meldet einer der Männer, ohne das Fernglas von den Augen zu nehmen.

Heiko und ich machen lange Hälse. Aber ohne Fernglas können wir in der Dunkelheit nichts erkennen.

Mein Vater schaltet die Scheinwerfer ein. Das ganze Vorschiff und seine Umgebung sind plötzlich in gleißendes Licht getaucht. Heiko und ich springen auf und pressen unsere Nasen an die Scheiben des Ruderhauses.

„Da sind sie!", rufen wir aufgeregt.

Knollennase bemüht sich vergeblich, das Boot aus dem Lichtkreis zu steuern. Als sich der Kreuzer langsam längsseits schiebt, gibt er den Fluchtversuch auf.

Erst jetzt bemerke ich, dass sich außer Heiko und mir nur noch zwei Männer im Ruderhaus befinden. Papa ist mit einem seiner Kollegen an Deck geeilt.

„Kommen Sie an Bord", fordert er Knollennase und seinen Sohn auf.

„Wo ist denn der fünfte Mann geblieben?", frage ich erstaunt. Herr Wegener deutet nach achtern. „Dort, an Deck."

„Was hat er denn in der Hand?", erkundigt sich Heiko.

„Eine Maschinenpistole."

„Eine Maschinenpistole?", wiederhole ich entsetzt. „Warum denn?"

„Aus Sicherheitsgründen", erklärt Herr Wegener. Und als ich ein verständnisloses Gesicht mache, fügt er hinzu: „Um deinen Vater und den anderen Kollegen zu schützen."

„Ist Papa denn in Gefahr?", frage ich erschrocken.

„Nun, wir wissen doch nicht, was das für Typen im

Boot sind. Sie könnten bewaffnet sein. Während dein Vater dem Dicken an Bord hilft, könnte doch der andere plötzlich eine Waffe ziehen und auf ihn schießen."

„Ich glaube nicht, dass Knollennase oder sein Sohn eine Waffe haben", meint Heiko.

„Das kann man nicht im Voraus wissen", sagt Herr Wegener ernst. „Wir haben schon die tollsten Sachen erlebt."

Knollennase und sein Sohn stehen an Deck und werden von meinem Vater und dem anderen Zollbeamten rasch nach Waffen abgetastet. Ich halte den Atem an. Zum Glück hat keiner von ihnen eine Waffe, sodass ich erleichtert aufatme.

Trotzdem sitzt mir der Schreck noch tief in den Knochen. Ich habe gar nicht gewusst, dass Papas Dienst auf dem Zollkreuzer so gefährlich sein kann.

Heiko stößt mich grinsend an. „Hör mal, Sabine, Knollennase schimpft wie ein Rohrspatz."

Neugierig steige ich den Niedergang hinab und blicke durch die offenstehende Tür in den Abfertigungsraum. Knollennase sitzt mit gerötetem Gesicht auf der Bank. Jetzt haut er sogar mit der Faust auf den Tisch. „Eine Unverschämtheit ist das", kreischt er, „seit wann ist es verboten, nachts in einem Boot über den Fluss zu fahren? Ich werde mich über Sie beschweren."

Da fällt sein Blick auf mich. Er erstarrt mitten in der Bewegung. Seine Augen werden groß und rund und scheinen ihm beinahe aus dem Kopf zu fallen.

„Das – das gibt's doch nicht", stammelt er und wird plötzlich käseweiß, „wie kommst du verflixte Göre auf das Zollboot?"

„Tja", sage ich mit wichtiger Miene, „wir haben

uns befreit und die Polizei angerufen."

„Aber ich hatte doch das Telefonkabel durch ..." Er hält verwirrt inne.

„Durchgeschnitten, wollten Sie wohl sagen", vervollständigt mein Vater seinen Satz.

„Wie ist es euch dann gelungen, die Polizei zu verständigen?", wundert sich Knollennase.

„Wir sind mit unserer Jolle nach Diekhusen gefahren", gebe ich bereitwillig Auskunft.

„Siehst du", zetert der jüngere Typ, der bis jetzt still in der Ecke gekauert hat, „ich habe dir ja gleich gesagt, Vater, dass wir die Jolle besser hätten forttreiben lassen sollen."

Knollennase sackt förmlich in sich zusammen. Meine Anwesenheit auf dem Zollkreuzer hat ihm den Rest gegeben. Er sieht ein, dass er das Spiel verloren hat.

„Käpt'n, das Boot der Wasserschutzpolizei kommt", meldet Heiko aus dem Ruderhaus.

„Na endlich", brummt Papa.

Zwei Beamte der Wasserschutzpolizei erscheinen im Abfertigungsraum. Heiko und ich werden gerufen, um unsere Erlebnisse zu erzählen. Als die Beamten wieder von Bord gehen, nehmen sie Knollennase und seinen Sohn mit auf das Polizeiboot.

„Die haben zum letzten Mal Möbel gestohlen", meint Herr Wegener, während wir zusehen, wie sich die Lichter des Bootes langsam entfernen.

„Gut, dass wir die Burschen los sind", brummt Papa, „das Weitere ist Sache der Polizei. Wir fahren jetzt zum Bananensand und sehen nach Su, Flo und Heike. Ich mache mir schon die ganze Zeit über Sorgen."

„Ach, denen passiert nichts", winkt Heiko beruhigend ab, „die Einbrecher sind ja gefasst. Die liegen bestimmt in ihren Betten und pennen."

Aber da irrt sich Heiko. Als der Zollkreuzer am Steg des Bananensandes anlegt und Heiko, Papa und ich zum Bauernhof laufen, finden wir Heike, Flo und Su vollständig angezogen in der Diele vor. Sie liegen der Länge nach auf dem Teppich und spielen „Fang den Hut", um sich wachzuhalten. Bandit stolziert zwischen ihnen herum und trägt zu Sus Ärger andauernd die Hütchen im Maul fort.

Bei unserem Anblick springt Su auf und wirft sich in Papas Arme. Papa fängt sie auf und drückt sie fest an sich.

„Seid ihr alle okay?", fragt er besorgt.

„Klar", nickt Flo, „habt ihr Knollennase erwischt?"

„Das kannst du dir doch denken", ruft Heiko stolz, „Sabine und ich waren sogar auf dem Zollkreuzer, als sie festgenommen wurden."

„Oh", empört sich Su, „ihr habt alles miterlebt, und uns wolltet ihr nicht dabeihaben."

„Ihr seid für solche gefährlichen Abenteuer noch zu klein", grinse ich.

„Los, Kinder", drängt Papa, „ihr kommt jetzt mit zum Zollschiff. Wir bringen euch nach Diekhusen. Flos Eltern machen sich bestimmt schon Sorgen."

„Und Mama erst", fällt Su ein, „sie ist sicher ganz außer sich."

„Sekunde", bittet Heike, „ich will nur rasch Husch in seinen Käfig zurückbringen."

„Mensch", gähnt Flo, „wisst ihr, wie spät das ist? Gleich halb drei. So lange war ich noch nie auf."

„Halb drei schon?", fragt Heiko erschrocken. „Um vier Uhr müssen wir die Milchkannen nach Diekhusen bringen." Er blinzelt meinen Vater treuherzig an. „Herr Rehder, können wir die Milchkannen vielleicht gleich mit dem Zollkreuzer mitnehmen?"

„Also gut, ausnahmsweise", seufzt Papa ergeben.

Seine Kollegen staunen nicht schlecht, als wir mit der vollbeladenen Karre am Steg erscheinen. Aber dann packen sie mit zu, und die Milchkannen stehen kurz darauf an Deck des Zollkreuzers.

Das ist wohl das erste- und letzte Mal in der Geschichte des Wasserzolls, dass ein Zollkreuzer als Milchschiff zweckentfremdet wird.

Am Hafen in Diekhusen ist zu dieser sonst ruhigen, nächtlichen Stunde schwer was los. Flos Eltern, meine Mutter, Tante Almut und Onkel Henning drängen sich fröstelnd im Schein der Hafenlaterne zusammen. Ganz vorn auf der Mole steht Bastian und winkt uns begeistert zu. Er hat längst von den Polizeibeamten erfahren, dass die Einbrecher geschnappt worden sind. Jetzt wartet er ungeduldig auf uns.

Kaum sind wir – Bandit als erster – auf die Mole gesprungen, da drückt Mama uns schon an sich. „Ihr sorgt ja wohl immer für Aufregungen“, schimpft sie gerührt. Sie ist froh, dass sie uns unversehrt wieder hat.

„Wieso sorgen wir für Aufregung?“, fragt Su entrüstet.

„Das war Knollennase.“

„Ich schlage vor, wir gehen alle wieder zu Bett“, ruft Tante Almut energisch, „die Kinder müssen ja todmüde sein. Erzählen können wir später.“

Da hat meine Tante recht. Ich merke erst jetzt, dass ich zum Umfallen müde bin. Ich kann mich kaum noch auf den Beinen halten.

So wandert eine ziemlich müde Gruppe durch die Lücke im Deich, während der Zollkreuzer wieder ablegt und sich langsam in der Dunkelheit entfernt.

Keine fünf Minuten später liegt der kleine Hafen wieder still und verlassen da. Das einzige Ungewöhnliche ist, dass noch immer der graue Lastwagen auf der Mole steht.

Das Geheimfach

Das erste, was ich sehe, als ich am nächsten Morgen aufwache, ist Bandit, der auf meiner Bettdecke liegt und mir zufrieden in die Ohren schnurrt.

„Du bist auch nicht gerade ein Leichtgewicht, Bandit.“ Ich schiebe ihn von meiner Brust hinunter.

„Wie bist du denn in mein Zimmer gekommen?" Verdutzt starre ich zur Tür. Sie steht einen Spalt offen, gerade so weit, dass ein Kater hindurchschlüpfen kann. Dabei weiß ich genau, dass ich sie vor dem Zubettgehen fest geschlossen habe.

Plötzlich erinnere ich mich wieder an die Aufregungen der letzten Nacht. Mit einem Satz springe ich aus dem Bett und stürze zum Fenster. Obwohl es erst früh am Morgen ist, herrscht auf dem Fluss ein geschäftiges Treiben. Unzählige Boote mit weißen und bunten Segeln kreuzen zwischen Diekhusen und dem Bananensand hin und her.

Am Ende der Mole steht noch immer der graue Lastwagen, während die HAI fest vertäut an der Kaimauer schaukelt. Heiko hat seine Jolle also bereits vom Strand ins Wasser geschoben und ist in den Hafen gesegelt. Letzte Nacht waren wir zu erschöpft dazu.

Ich laufe rasch ins Bad und ziehe Jeans und ein buntes Sweatshirt an. Dann öffne ich vorsichtig die Tür von Sus Zimmer. Nicht Sus rotblonde Zöpfe lugen unter der Decke hervor, sondern Heikes kurze, blonde Haare.

Su hat Heike großzügig ihr Zimmer überlassen, während sie selbst bei Mama übernachtet hat. Papa hatte ja Nachtdienst, und somit war sein Bett frei.

„Hallo, Heike, schläfst du noch?", flüstere ich.

„Jetzt nicht mehr", brummt Heike. Ihr rundes Gesicht taucht aus den Kissen auf. Verschlafen blinzelt sie umher.

„Wo bin ich überhaupt?"

„Na, in Sus Bett. Meine Mutter wollte euch doch nachts nicht allein auf eurem Hof lassen. Heiko schläft bei Bastian. Aber ich glaube, die beiden sind schon lange auf, weil die HAI im Hafen liegt."

„Klar", ruft Heike, „jetzt erinnere ich mich wieder an die irre Nacht. Ich muss sofort zur Insel hinüber. Husch wartet in seinem Käfig bestimmt schon auf sein Frühstück."

Heike verschwindet im Bad. Ich laufe die Treppe hinunter und blicke in die Küche. Meine Mutter füllt gerade Wasser in die Kaffeemaschine. Auf dem Tisch steht ein angeschnittener Apfelkuchen, der köstlich duftet.

„Gibt es heute zum Frühstück Kuchen?", frage ich erstaunt.

Meine Mutter sieht mich verdutzt an. Dann lacht sie belustigt auf. „Frühstück ist gut, Sabine. Weißt du überhaupt, wie spät es ist?"

Ich schaue zur Küchenuhr. „Halb drei Uhr nachmittags", rufe ich verwirrt, „das kann doch nicht stimmen, Mama. Steht die Uhr?"

„Die geht genau richtig."

„Das ist ja ein Hammer. Der halbe Tag ist ja schon rum."

„Ja", nickt meine Mutter, „ihr habt Frühstück und Mittagessen verschlafen. Ich koche gerade Kaffee für Papa und mich. Wollt ihr auch ein Stück Apfelkuchen?"

„Na klar!" Ich helfe Mama den Tisch decken, dann rufe ich Papa, Heike und Su.

Als erster erscheint Bandit in der Küche. Eigentlich bekommt er ja nachmittags nichts zu fressen, aber heute macht Mama eine Ausnahme. Er darf ein wenig Schlagsahne schlecken. Das hat er sich redlich verdient, denn wenn er nicht aufs Dach des Bauernhofs gesprungen wäre und uns den Schlüssel gebracht hätte, säßen wir wohl jetzt noch eingesperrt

in Heikos Zimmer.
„Husch verdient auch eine Extrabelohnung", erinnert Heike, „wenn ich ihn nicht als Lockmittel aufs Dach gesetzt hätte, wäre Bandit nicht hinaufgeklettert."
Da hat sie recht. „Ich habe noch ungesalzene Erdnüsse", sagt Mama, „die könnt ihr ihm nachher mitbringen."
Su erscheint als letzte laut gähnend in der Küche.
„Bist du immer noch nicht ausgeschlafen?", neckt Papa sie.
Su schweigt. Aber als sie einen Becher Milch getrunken und drei Stück Apfelkuchen mit viel Schlagsahne verspeist hat, wird sie langsam wieder munter.
„Bekommen die Meyers jetzt ihre Möbel wieder?", frage ich meinen Vater. „Oder hat Knollennase die etwa schon verkauft?"
„Knollennase, wie ihr ihn nennt, und sein Sohn haben in Hamburg ein ganzes Lager voller gestohlener, antiker Möbel. Seine Frau betreibt einen kleinen Laden, in dem sie die wertvollen Stücke verkauft."
„Sehr praktisch", nickt Heike, „Mann und Sohn ziehen über Land und kundschaften aus, wo es noch alte Möbel gibt. Nachts kehren sie dann heimlich zurück und stehlen die wertvollen Truhen und Schränke."
„Und die Frau verkauft sie dann wieder zu Höchstpreisen in ihrem Laden", ergänze ich und schiebe das vierte Kuchenstück auf meinen Teller.
„Ganz schön schlau", stimmt Su zu, „aber wir waren noch schlauer. Ich habe Knollennase sofort durchschaut."

„Klar, du übertriffst mit deinem kriminalistischen Scharfblick noch Sherlock Holmes“, spotte ich.

„Stimmt genau“, antwortet Su ungerührt, „toll, dass du das endlich erkannt hast, Sabine.“

Mir bleibt die Spucke weg. Bescheidenheit ist noch nie ihre Stärke gewesen.

„Um auf Sabines Frage zurückzukommen“, fährt Papa fort, „die Meyers und einige andere Bauern haben Glück. Ihre Möbel sind unversehrt in dem Lager entdeckt worden.“

„Und was ist mit unseren Möbeln?“, ruft Heike erregt.

„Die befinden sich noch im Lastwagen. Wir müssen sie nachher ausladen und zu eurem Hof zurückbringen. Der Lkw wird nämlich von der Polizei abgeholt.“

Plötzlich springt Heike erschrocken auf. „Es ist ja schon halb vier. Meine Eltern müssen jeden Moment aus Rendsburg zurückkommen. Die werden ganz schön geschockt sein, wenn sie erfahren, was hier los war. Ich muss vorher mit Heiko unbedingt zu unserem Hof fahren, um nachzusehen, ob auch alles in Ordnung ist.“

„Du kannst ganz beruhigt sein, Heike“, beschwichtigt meine Mutter sie, „Bastians und Flos Vater waren heute Vormittag drüben. Sie haben die leeren Milchkannen gleich mitgenommen.“

Irgendwie haben wir jetzt keine Ruhe mehr, still am Tisch zu sitzen. Wir stopfen rasch den Rest des Kuchens in uns hinein und rennen zum Café hinüber. Bandit folgt uns neugierig.

Bastian und Heiko sitzen auf der niedrigen Mauer vor dem Haus.

„Da kommen die Langschläfer ja endlich“, feixt

Heiko. „Hau nicht so auf den Putz“, fährt Heike ihn an. „Ihr seid bestimmt auch noch nicht lange auf.“

„Immerhin haben wir bereits die Jolle zum Hafen gebracht“, grinst Bastian.

„Wo steckt Flo?“, fragt Heiko.

„Weiß ich doch nicht“, gibt Su zurück, „bestimmt pennt er noch.“

Aber da taucht Flos blonder Lockenkopf hinter unserer Ligusterhecke auf. Gleichzeitig mit ihm biegt ein Kombiwagen in die Auffahrt ein.

Heiko springt wie vom wilden Affen gebissen in die Höhe.

„Unsere Eltern sind zurück!“, freut er sich unbändig und öffnet bereits die Beifahrertür.

Die kleine, rundliche Frau Hansen zwängt sich aus dem Auto und umarmt Heiko und Heike. Verwundert blickt sie uns alle an.

„Hallo, Kinder, wieso seid ihr hier alle zu unserer Begrüßung versammelt?“

„Es ist doch nichts auf dem Hof passiert?“, fragt Bauer Hansen beunruhigt.

„Nur keine Aufregung“, platzt Su heraus, „die Möbel sind gerettet.“

„Ich hab's doch geahnt“, stöhnt Frau Hansen, „es kam mir gleich so verdächtig vor, dass ihr alle hier versammelt seid.“

„Was ist passiert?“, ruft Bauer Hansen aufgeregt. „Hat es etwa schon wieder gebrannt? Was ist mit den Tieren? Und wo steckt Kuddel?“

„Reg dich ab, Papa“, beruhigt Heiko seinen Vater, „es ist alles in Butter. Nur das Haustürschloss ist kaputt.“

„Das haben zwei Möbeldiebe geknackt“, fügt Flo mit wichtiger Miene hinzu.

Bauer Hansen wischt sich über die Stirn. „Allmächtiger“, stöhnt er, während seine Frau erschrocken auf die Mauer sinkt.

Zum Glück steckt gerade Tante Almut den Kopf aus einem der Fenster des Cafés. „Hallo, Hein, hallo Inge“, ruft sie gutgelaunt, „ihr seid ja schon zurück. Kommt auf eine Tasse Kaffee ins Café hinauf. Dann können die Kinder in Ruhe alles erzählen.“

Das lassen wir uns natürlich nicht zweimal sagen. Ob wohl Tante Almut frische Erdbeertorte serviert, müssen Su, Heike und ich sehr zu unserem Leidwesen dankend ablehnen. Aber wir sind noch so satt von Mamas Apfelkuchen, dass wir nicht einen Bissen mehr hinunter kriegen. Da stellt Tante Almut einen Rieseneisbecher vor uns hin. Unsere Mienen hellen sich auf. Eis rutscht immer, auch wenn man noch so satt ist.

Ich trete Bastian vergnügt gegen das Schienbein. „Nun haben wir ja das Eis fürs Zeitungsaustragen bekommen.“

„Ja“, strahlt Flo, „Bastian hat sein Versprechen gehalten.“

„Versprochen habe ich gar nichts“, stellt Bastian richtig.

„Ich habe nur gesagt, vielleicht lässt meine Mutter ein Eis springen, wenn sie gute Laune hat.“

Dann schweigen wir eine Weile. Wir sind vollauf beschäftigt, unser Eis zu schlecken.

Heikes und Heikos Eltern trinken vier zusammen Tassen Kaffee, bis Tante Almut ihnen unser Abenteuer mit den Möbeldieben ausführlich erzählt hat.

Bauer Hansen zankt ein wenig mit uns, weil wir keinem der Erwachsenen gesagt haben, dass Kuddel sich den Knöchel verstaucht hat. Aber er ist erleichtert, dass unser Abenteuer so glimpflich abgelaufen ist.

Frau Hansen macht sich Vorwürfe, weil sie Knollennase den Schreibsekretär gezeigt hat und weil sie ihm leichtsinnigerweise erzählt hat, dass sie über Nacht wegfahren wollten.

„Wer konnte auch ahnen, dass der Dicke gar nicht von der Post kam, sondern nur darauf aus war, auf diese Art und Weise Einblick in die Häuser zu bekommen“, tröstet Tante Almut sie.

„Siehst du, Mama“, meint Heike, „du darfst nie einem Postbeamten trauen.“

In dem Augenblick öffnet sich die Café-Tür. Wir vergessen vor Schreck, unser Eis zu löffeln. Herein spaziert nämlich ein Mann in einer blauen Latzhose. „Tag“, brummt er, „ich komme von der Post und soll das Telefon auf der Insel reparieren. Kann mir vielleicht jemand ein Boot leihen, damit ich hinüberkomme?“

Wir müssen ihn ganz schön blöd angestarrt haben, denn er blickt verwundert an sich hinunter und fragt schließlich unruhig: „Stimmt was nicht?“

Su schiebt ihren Stuhl zurück und eilt ans Fenster. „Er ist echt“, ruft sie, „auf dem Parkplatz steht ein gelber Wagen.“

„Und das Nummernschild fängt mit BN an“, kräht Flo, der ihr gefolgt ist. „Er ist wirklich von der Post.“

„Kann ich mal ihren Ausweis sehen?“, fragt die kleine Frau Hansen energisch.

Verdattert holt der Mann seinen Ausweis aus der Brusttasche.

„So was ist mir noch nicht passiert. Was bedeutet das alles?“

Als wir ihm unser Erlebnis mit dem falschen Postbeamten erzählen, kann er unsere Aufregung verstehen. „Keine Angst, ich will keine antiken Möbel stehlen“, lacht er, „ich schwärme nur für supermoderne Sachen.“

„Sie können gleich mit uns hinüberfahren.“ Bauer Hansen steht auf. „Vielen Dank für den Kaffee, Almut.“

„Keine Ursache. Ich rufe rasch Henning und Ulf, damit sie euch beim Verladen der Möbel helfen können.“

Unsere Hilfe wird gar nicht mehr benötigt. Bauer Hansen, Onkel Henning, der Mann von der Post und mein Vater heben den schweren Schreibsekretär aus dem Lastwagen. Als sie ihn auf die Karre laden wollen, stolpert Onkel Henning über Bandit, der den Männern neugierig zwischen den Beinen umherläuft. Der Schreibtisch landet ein wenig unsanft auf der Karre.

„Bandit, geh aus dem Weg“, rufe ich erschrocken, „beinahe wäre dir der Schreibtisch auf den Kopf gefallen.“

Die vier Männer wischen sich den Schweiß von der Stirn.

„Puh, ist das Ding schwer“, stöhnt der Postbeamte, „da lobe ich mir meine modernen Möbel. Die lassen sich beinahe mit einer Hand tragen.“

„Ist etwas beschädigt?“, fragt Bauer Hansen erschrocken.

„Nein“, beruhigt Heiko ihn, „die Schublade ist nur herausgefallen. Komisch, sonst hat sie immer geklemmt, und jetzt fällt sie auf einmal heraus.“

Heiko bückt sich, um sie wieder hineinzuschieben. Da stutzt er. „Mensch“, schnauft er überrascht,

„hinter der Schublade muss ein Hohlraum gewesen sein. Da liegt irgendwas.“
„Lass sehen!“ Bauer Hansen drängt seinen Sohn beiseite und langt mit dem Arm in die Öffnung.

Auf seinem Gesicht macht sich Überraschung breit, als er ein dickes, in Leder gebundenes Buch hervorzieht.

„Hier ist ja das Briefmarken-Album“, ruft er verblüfft aus, „wir haben es nach dem Tode meines Vaters im ganzen Haus vergeblich gesucht, weil er es Heiko vererbt hat. Kein Wunder, dass wir es nicht finden konnten, wenn es hinter der Schublade versteckt lag."

Er drückt Heiko das Album in den Arm. Neugierig stehen wir um Heiko herum, als er behutsam die Seiten umblättert.

„Einfach super", strahlt er, „dass die Briefmarken nun doch noch zum Vorschein gekommen sind."

„Das hast du nur Knollennase zu verdanken", ruft Su, „wenn er nicht ausgerechnet den Schreibtisch geklaut hätte, würde das Buch vielleicht noch in hundert Jahren dort liegen, wenn Heiko schon lange tot ist."

„Vielleicht auch noch in tausend Jahren", meint Heike.

„Falls der Schreibtisch dann nicht bereits vom Holzwurm zerfressen ist", sagt Bastian trocken.

„Na ja." Flo schiebt geringschätzig die Unterlippe vor.

„Ist ja ganz toll, so 'n Briefmarken-Album, aber ein Piratenschatz wäre besser."

Hier wohnen die Acht vom großen Fluss

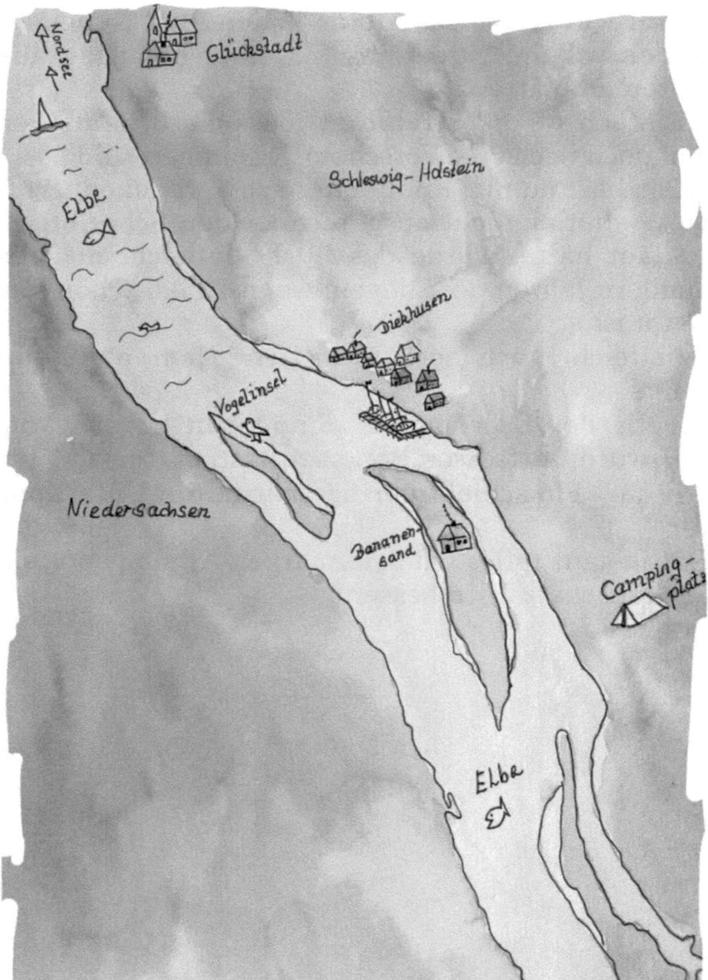

So sieht es auf Bananensand aus

Leibniz-Blätter zum Bestellen

Ausgabe 1 (vergr.)

Ausgabe 2

Ausgabe 3

Ausgabe 4

Ausgabe 5

Ausgabe 6

Ausgabe 7

Ausgabe 8

Ausgabe 9

Ausgabe 10

Ausgabe 11

Ausgabe 12

Ausgabe 13

Ausgabe 14

Ausgabe 15

Ausgabe 16

Ausgabe 17

Ausgabe 18

Ausgabe 19

Ausgabe 20

Ausgabe 21

Ausgabe 22

Ausgabe 23

Ausgabe 24

Ausgabe 25

Ausgabe 29

Ausgabe 31

Ausgabe 32

Ausgabe 33

Ausgabe 34

Ausgabe 36

Ausgabe 37

Ausgabe 38

Ausgabe 39

Ausgabe 40

Ausgabe 41

Die bisher erschienenen Ausgaben der Leibniz-Blätter können unter redaktion@leibniz-privatschule.de bestellt werden.

Leibniz Blätter Verlag – aus dem Buch-Programm

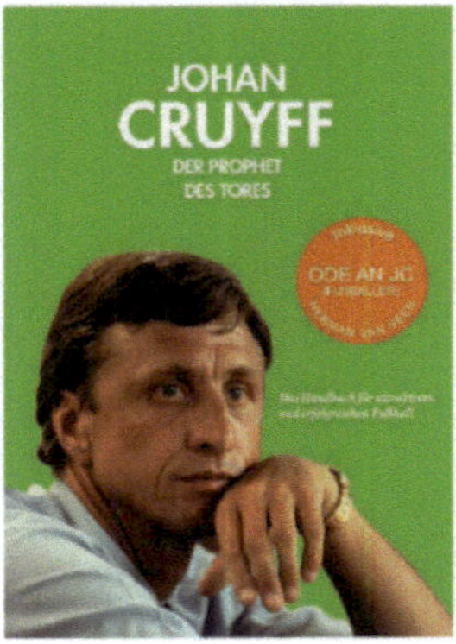

LEIBNIZ BLÄTTER VERLAG